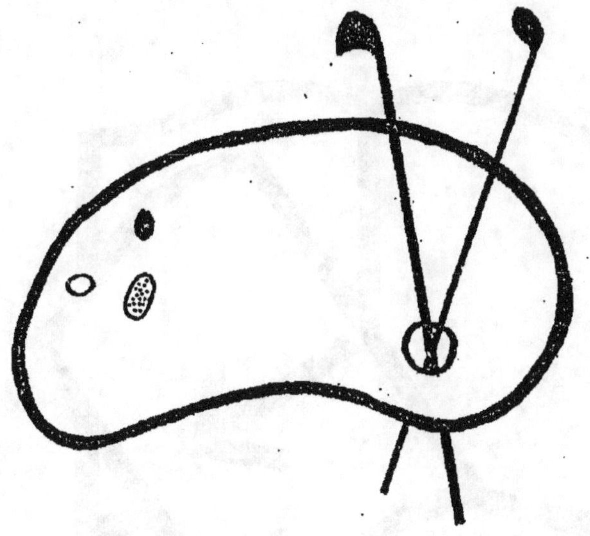

ORIGINAL EN COULEUR
NF Z 43-120-8

Couverture inférieure manquante

LA SCIENCE FRANÇAISE

# L'ÉGYPTOLOGIE

## Par G. MASPERO

PARIS

LIBRAIRIE LAROUSSE

13-17, rue Montparnasse

LA SCIENCE FRANÇAISE

# L'ÉGYPTOLOGIE

## Par G. MASPERO

PARIS

LIBRAIRIE LAROUSSE

13-17, rue Montparnasse

# LES ÉTUDES ÉGYPTOLOGIQUES

L'ÉGYPTOLOGIE est née en France ; CHAMPOLLION le Jeune (1790-1832) en fut le fondateur, et, pendant un certain nombre d'années, cette science demeura exclusivement française. L'histoire de ses commencements se trouve écrite dans le rapport que M. DE ROUGÉ adressa, à propos de l'Exposition Universelle de Paris, en 1867, à Victor DURUY, alors ministre de l'Instruction publique : je ne reviendrai pas sur les faits antérieurs à cette date.

La génération d'égyptologues français qui avait succédé à celle de CHAMPOLLION et qui, avec Théodule DEVÉRIA (1831-1871), Emmanuel DE ROUGÉ (1811-1872), MARIETTE PACHA (1821-1881), CHABAS (1817-1882), avait déblayé vigoureusement les abords du terrain, commençait alors à disparaître sous la poussée d'une génération nouvelle. Tous les savants qui l'illustrèrent avaient travaillé isolément, chacun dans une direction différente : E. de Rougé à Paris, où il avait constitué, d'une manière presque définitive, la grammaire pour l'œil des documents de la seconde époque thébaine, Chabas en province, à Chalon-sur-Saône, où il s'était appliqué surtout au déchiffrement des textes, Mariette à l'étranger, dans l'Égypte même, où, aidé par moments de Devéria, il s'était livré à l'exploration du sol, à la copie des inscriptions, au dégagement des grands monuments et où il avait fondé le service des Antiquités. La génération suivante s'occupa de régulariser la Science et de la mettre, une fois pour toutes, en possession des instruments nécessaires à la formation des générations futures.

Elle se composait des hommes élevés à l'école d'Emmanuel de Rougé, Jacques DE ROUGÉ son fils, Paul PIERRET, Paul GUIEYSSE, Eugène LEFÉBURE, et bientôt du groupe qui se rassembla autour de Gaston MASPERO. J. DE ROUGÉ, qui se voua à la publication des œuvres laissées malheureusement inachevées par son père, renonça de bonne heure à l'étude, après y avoir débuté brillamment par un mémoire sur les textes géographiques du temple d'Edfou, dont un livre sur les nomes de la Basse-Égypte compléta plus tard les données. Pierret, longtemps conservateur du Musée égyptien du Louvre, travailleur consciencieux mais lent et rare dans son activité, compila un petit *Dictionnaire d'Archéologie* (1875) et un *Vocabulaire Hiéroglyphique* (1871-1875), qui ont rendu pendant longtemps des services réels aux étudiants; de préférence, il oscilla sa vie durant entre la mythologie et la traduction avec commentaires des Inscriptions de son Musée, publiant d'une part la première traduction française du *Livre des Morts* (achevée en 1882), d'*une stèle éthiopienne inédite et de divers manuscrits religieux* (1873), de l'autre, ses deux *Recueils d'Inscriptions inédites du Musée égyptien du Louvre* (1874-1878). LEFÉBURE, esprit mystique et entraîné toute sa vie du côté du spiritisme ou de l'occultisme, a posé et résolu en partie les problèmes divers que soulèvent les religions égyptiennes. Ses Mémoires sur les *Hymnes au Soleil composant le XVe Chapitre du Rituel funéraire* (1868) et sur le *Mythe Osirien : les yeux d'Horus* (1874), *Osiris* (1875), sont encore pénétrés des idées de Max Müller sur la formation des mythes, mais l'étude des croyances sauvages et des superstitions populaires le ramena promptement à des doctrines plus saines, qu'il exposa dans une multitude d'articles dispersés à travers une demi-douzaine de revues différentes, les *Mélanges d'Archéologie* (1871-1878), le *Recueil de travaux*, les *Transactions* et les *Proceedings* de la société d'Archéologie biblique de Londres, la *Zeitschrift für Aegyptische Sprache* de Berlin, le *Bulletin de l'Institut égyptien*, les *Annales du Musée Guimet*, et surtout le *Sphinx* d'Upsala en Suède. Successivement maître de conférences à la Faculté des Lettres de Lyon (1878-1881, puis 1883-1884 et 1885-1886), directeur de la Mission archéologique du Caire (1881 et 1883), suppléant de M. Maspero au Collège de France (1884-1885), maître de conférences à l'École supérieure d'Alger (1887-1908), Lefébure s'enferma dans un enseignement très technique et s'isola si complètement du reste de l'École, que, malgré sa connaissance approfondie des textes religieux et ses mérites sérieux de finesse et de clarté, il demeura presque sans influence sur le développement de l'Égyptologie. Le seul de ses nombreux écrits qui ait conquis la notoriété, *les Hypogées royaux de Thèbes* : t. I, *le Tombeau de Séti I*er (1886) et t. II-III, *Notices des Hypogées* (1889), peut se comparer aisément, pour l'exactitude des copies, aux recueils de Lepsius, de Mariette, de Dümichen et de Rougé. Guieysse, qui avait débuté dans la vie scientifique comme collaborateur de Lefébure, et qui avait essayé d'établir l'édition critique du *Chapitre LXIV du Livre des Morts* (1876), fut enlevé promptement à l'Égyptologie par la politique. Quoiqu'il soit resté attaché à l'École des hautes études comme maître de conférences et comme directeur d'études adjoint de 1880 à 1914, date de sa mort, il n'a pu nous donner que de rares études sur des points de détails : il allait se remettre tout entier à la recherche scientifique lorsqu'il disparut.

Quel que fût leur mérite, les travaux de ces savants manquaient encore de coordination ; M. Maspero groupa en un faisceau compact les forces qui s'assemblaient autour de lui. Mis en lumière dès sa sortie de l'École normale par deux Mémoires : *Essai sur l'inscription dédicatoire du Temple d'Abydos* (1867) et la *Stèle du Songe* (1868) puis, nommé, en 1869, répétiteur du cours d'archéologie égyptienne à l'École pratique des hautes études, que Victor Duruy venait de fonder, M. Maspero avait réuni à son cours une dizaine d'auditeurs sérieux : Adrien de Longpérier, le fils du savant alors connu ; l'abbé Ancessi, qui mourut fort jeune après avoir publié trois brochures sur des *Études de Grammaire comparée* (1872-1873), sur *Moïse et l'Égypte* (1875), sur *Job et l'Égypte* (1877) ; Hyacinthe

Husson qui avait déjà composé plusieurs écrits de mythologie; Eugène Grébaut; puis, après la guerre, Maxence de Rochemonteix, l'Américain William Berend, Eugène Ledrain qui quitta bientôt les hiéroglyphes pour l'hébreu, Urbain Bouriant, Victor Loret, l'abbé Amélineau, Philippe Virey.

Le travail fourni par ce groupe fut très considérable dès le début, et devint plus considérable encore lorsque M. Maspero eut succédé à E. de Rougé dans la chaire de Champollion, comme chargé de cours (1873), et presque aussitôt après comme professeur titulaire (1874). Pendant que M. Maspero publiait des traductions largement commentées de textes hiératiques, *Hymne au Nil* (1869), *une Enquête judiciaire à Thèbes au temps de la* xx<sup>e</sup> *Dynastie* (1869-1871), *du Genre épistolaire chez les anciens Égyptiens* (1872) qui lui servit de thèse pour le doctorat ès lettres, *Mémoire sur quelques papyrus du Louvre* (1875) et, dans le *Journal asiatique*, les premiers des Mémoires dont l'ensemble constitua plus tard ses *Études égyptiennes*, il produisait des œuvres de théorie grammaticale sur *le Pronom personnel en égyptien* (1869), sur *les Formes de la conjugaison en égyptien antique, en démotique et en copte* (1871), Sur *la Formation des thèmes trilitères en égyptien* (1880), et il abordait l'étude critique du démotique par ses *Études démotiques* (dans le Recueil de travaux, 1870, t. I) puis par ses recherches sur *la Première page du roman de Satni transcrite en hiéroglyphes* dans la *Zeitschrift für Aegyptische Sprache* (1877). Son activité se portait aussi vers le domaine historique, et il écrivait successivement une thèse latine : *De Carchemis oppidi situ et historia antiquissima* (1872), des fragments d'un *Commentaire sur le livre II d'Hérodote*, qui, commencés pour l'*Annuaire de l'Association des études grecques* en 1875, furent poursuivis plus tard ailleurs, enfin *une Histoire ancienne des peuples de l'Orient* (1875) à l'usage des lycées, ouvrage qui devint bientôt populaire, fut réédité huit fois et traduit en plusieurs langues. Joignez à cette production d'œuvres indépendantes une collaboration incessante à des journaux ou à des collections françaises ou étrangères,

*Gazette Archéologique, Records of the Past, Transactions* et *Proceedings* de la Société d'archéologie biblique de Londres, *Zeitschrift für Aegyptische Sprache* de Berlin, *Comptes rendus des Congrès orientalistes* de Paris (1873) et de Florence (1878), *The Academy, Journal asiatique, Revue Archéologique* et surtout *Revue critique*, où, depuis 47 ans, il a rendu compte d'une bonne partie des œuvres d'Égyptologie, parues en France ou à l'étranger.

Entre temps, l'enseignement de M. Maspero aux Hautes Études et au Collège de France portait ses fruits : une école française, imbue des mêmes principes et agissant sous une même impulsion, s'élevait dans la génération d'alors. Le premier qui se manifesta brillamment fut M. Grébaut, avec sa thèse pour le diplôme des Hautes Études intitulée *Hymne à Ammon Râ des papyrus égyptiens du Musée de Boulaq* (1875) que suivirent bientôt plusieurs articles, dont le plus important se trouve dans les *Mélanges d'archéologie égyptienne* (1875). Presque aussitôt après Grébaut, William Berend traduisit la brochure de Lepsius sur *les Métaux dans les inscriptions égyptiennes* (1877) et soumit à l'examen des juges sa thèse sur les principaux *Monuments du Musée égyptien de Florence*, dont la première partie consacrée aux *Stèles, Bas-reliefs et Fresques* a paru seule en 1882, imprimée avec luxe à l'Imprimerie Nationale : malgré l'éclat de ce premier début, Berend renonça à la science sans esprit de retour, puis alla vivre et mourir en Suède. En passant, disons qu'il ne fut pas, tant s'en faut, le seul étranger qui suivit alors, pendant un trimestre ou deux, les cours de l'École des hautes études et du Collège de France : nous vîmes de la sorte se succéder sur les bancs, de 1875 à 1880, MM. Alfred Wiedemann, aujourd'hui professeur d'égyptologie à Bonn ; Ernesto Schiaparelli, à présent directeur du Musée de Turin ; Karl Piehl, mort en 1904, professeur de langue égyptienne à l'Université d'Upsal ; Edwin Wilbour, journaliste américain, qui apprit beaucoup, passa les vingt dernières années de sa vie alternativement en Égypte et en France, puis mourut à Paris en 1897 sans avoir rien publié. Néanmoins le fond de l'École resta français : l'on vit

Rochemonteix inaugurer les études du berbère comparé à l'égyptien (1873-1876), et Eugène Ledrain, se dérobant à la vocation ecclésiastique, nous fournir comme thèse pour le diplôme de l'École des hautes études ses *Monuments égyptiens de la Bibliothèque nationale* (1879-1882).

A ce moment l'École française était en pleine prospérité : M. Maspero en avait réparti les membres entre les domaines les plus variés, dirigeant MM. Loret, Bouriant et Virey vers l'interprétation des manuscrits hiératiques, M. GAYET vers l'archéologie païenne et chrétienne, l'abbé Amélineau vers le copte ; d'autre part, M. de Rochemonteix, détaché en Égypte de 1875 à 1878, y relevait les inscriptions et tableaux du grand temple d'Edfou. Il fallait à cette pléiade un moyen aisé de publication, un journal auquel elle pût confier ses travaux à mesure qu'ils se poursuivaient. Déjà, en 1869, l'éditeur Vieweg avait mis en circulation une revue dont il avait confié la préparation à M. Maspero, et dans le premier semestre de 1870, celui-ci avait lancé avec la collaboration de MM. E. de Rougé, Devéria, Pierret, un premier numéro qui avait pour titre : *Recueil de travaux relatifs à la philologie et à l'archéologie égyptiennes et assyriennes ;* mais, la guerre survenant presque aussitôt, M. de Rougé l'avait remplacé chez le même éditeur par un nouveau journal, les *Mélanges d'archéologie égyptienne et assyrienne*, destiné à recevoir les productions de notre École en opposition à la *Zeitschrift für Aegyptische Sprache* de Berlin qui serait réservée aux Allemands. Après la mort de M. de Rougé, qui coïncida presque avec l'apparition du premier fascicule, ces *Mélanges* traînèrent péniblement sous la conduite d'un comité de rédaction, où figuraient MM. Jacques de Rougé, Pierret, Maspero, E. Revillout ; ils fournirent trois volumes de 1871 à 1878, date où le comité fut dissous et où les *Mélanges* furent remplacés par deux publications indépendantes l'une de l'autre, le *Recueil de travaux*, que M. Maspero ressuscita et dont il composa un second numéro en 1879, la *Revue égyptologique* que M. REVILLOUT édita depuis 1880 jusqu'à sa mort, en 1912.

L'orientation de ces deux publications fut très différente.

Tandis que le *Recueil* s'efforçait de faire œuvre durable et d'embrasser le domaine entier de l'égyptologie, la *Revue*, plus irrégulière dans son allure, se consacra de préférence à la critique du moment, qu'elle exerça avec âpreté ; en fin de compte, elle devint presque entièrement l'organe exclusif de son directeur. Entré au Musée égyptien du Louvre en 1872, celui-ci s'était voué dès lors avec ardeur au copte, puis au démotique. C'est ainsi qu'il jeta rapidement sur la place, souvent en les autographiant pour marcher plus vite, ses *Actes et contrats des musées égyptiens de Boulaq et du Louvre* (1876), puis ses *Apocryphes coptes du Nouveau testament* (1876), ainsi qu'un *Mémoire sur la vie et les sentences de Secundus*, et un autre sur *le Concile de Nicée d'après les textes coptes et les diverses collections canoniques*, qui furent insérés au *Journal asiatique* de 1872 à 1875 et ne furent complétés qu'en 1881 ; le tout sans préjudice d'une première étude sur les *Blemmyes* (1874) et de différentes notes sur l'archéologie funéraire copte, qu'il donna aux *Mélanges*. Ce ne fut là, toutefois, que le moindre de sa besogne. Trouvant dans la riche collection du Louvre une masse alors incomparable de papyrus démotiques, il se livra avec fougue au déchiffrement de l'écriture cursive qu'il avait commencé sous M. Maspero et il en tira bientôt des résultats aussi neufs qu'importants : il y découvrit des contrats de mariage de différente nature, des contrats de location pour maisons et pour terres, des contrats de vente et d'achat, bref une masse d'actes juridiques du plus haut intérêt. Il forma ainsi deux *Chrestomathies démotiques* dont la nouvelle (1878) parut avant l'ancienne (1880) par une de ces bizarreries qui ne sont pas rares dans son œuvre. En même temps il traduisait mot à mot le conte démotique de Satni, dont Brugsch avait donné une première interprétation dix années auparavant, mais il attendait plusieurs années encore avant d'y ajouter une introduction et de faire du tout un volume sous le titre : *le Roman de Setna, étude philologique et critique* (1877-1885). Ce fut sans préjudice d'une foule d'écrits moindres, publiés en brochures indépendantes ou disséminés dans les journaux français et étrangers, *Journal asiatique*, *Revue Archéologique*, *Proceedings* de la Société d'archéologie biblique, *Mélanges*, etc. Bref, il fit entièrement sa revue, à lui, de la *Revue égyptologique*, dont il avait produit le premier numéro en 1880 avec CHABAS et Henri BRUGSCH, et dont il remplit presque seul, les quatorze volumes parus de 1880 à 1912, avec ses articles et ses commencements d'articles inachevés sur le copte, sur le démotique et en dernier lieu sur quelques textes hiéroglyphiques.

L'École égyptologique prospérait en France, lorsque les changements provoqués par la mort de Mariette vinrent à la fois en élargir et en compromettre le développement. Depuis l'année de l'Exposition universelle en 1867, qui marqua l'apogée de son crédit en Égypte, Mariette avait dû lutter sans relâche contre l'influence allemande rendue très forte par la victoire de 1870-71, contre la nonchalance et le désordre de l'administration égyptienne, et surtout contre la maladie qui se révéla mortelle pour lui dès 1872. Forcé de renoncer aux grandes fouilles qui avaient illustré les débuts de sa direction à Boulaq, il s'efforça du moins d'en publier les résultats principaux, et, aidé de MM. Louis Vassali et Émile Brugsch d'une part, de M. Maspero de l'autre, il donna toute une série de grands travaux : *Abydos*, (3 vol. 1869-1880), *Dendérah* (5 vol. 1869-1875), *Deir-el-Bahari* (1 vol. 1875), *les Papyrus égyptiens du Musée de Boulaq* (3 vol. 1870-1871), *Karnak, étude topographique et archéologique* (1 vol. 1875), *Voyage de la Haute Égypte* (2 vol. 1878), *Monuments divers recueillis en Égypte et en Nubie* (1 vol. 1871-1889). Il préparait de concert avec M. Maspero deux œuvres plus importantes encore, dont les fragments ne furent édités qu'après lui, *le Sérapéum de Memphis* (1 vol. 1883) et *les Mastabas de l'Ancien Empire* (Paris, 1889), lorsque son état empira tellement que l'on craignit de le voir disparaître soudain, laissant vacante en Égypte une place que la France avait intérêt à conserver. Déjà, en 1873, M. Maspero avait proposé au gouvernement français de créer au Caire une école analogue à celle qui existait à Athènes pour l'étude des monuments grecs ; mais son projet

J.-F. CHAMPOLLION Le Jeune (1790-1832)

avait été rejeté par M. de Watteville. Il fut repris par
M. Xavier Charmes et, à l'instigation de ce dernier, M. Alfred
Rambaud, alors chef du cabinet de M. Jules Ferry, ministre de l'Instruction publique, décida, le 13 novembre 1880,
M. Maspero à aller établir une Mission permanente au
Caire. Celui-ci, après avoir prié M. Grébaut de le suppléer
au Collège de France, emmena avec lui ce qu'il avait de
mieux en ce temps à l'École des hautes études, MM. Urbain Bouriant et Victor Loret, auquel il adjoignit un ara-
bisant, M. Dulac, et un dessinateur, M. Bourgoin. Arrivé
au Caire le 5 janvier 1881, il installa son monde dans une
maison sise sur une des ruelles qui touchent le boulevard
Mohammed-Ali et il le mit au travail, mais Mariette étant
mort le 18 janvier, il fut nommé le 8 février suivant Directeur général des fouilles d'Égypte, malgré les démarches
qu'entreprit M. de Saurma, Consul général d'Allemagne,
pour faire attribuer la place à Henri Brugsch. En dépit de
son transfert au service égyptien, M. Maspero n'en demeura
pas moins le directeur réel de la Mission, bien que la direction apparente en fût confiée officiellement, d'abord à M. Eugène Lefébure (1881-1883), puis à M. Grébaut (1883-1886),
et l'exploration de l'Égypte marcha désormais sous le con-
trôle complet de l'Égyptologie française. Elle progressa
heureusement, malgré les embarras où nous jetèrent la
révolution d'Arabi-Pacha en 1882 et une grande épidémie
de choléra en 1883. Mariette, obéissant à l'esprit de son
temps, avait surtout opéré des fouilles destinées à enrichir
le musée de Boulaq ; M. Maspero pensa que le moment
était venu d'organiser plus méthodiquement un Service des
antiquités. Il divisa l'Égypte en 7 circonscriptions, et,
comme les individus faisaient défaut pour composer un
personnel compétent d'inspecteurs indigènes, il fonda à
Boulaq une petite école d'Égyptologie (1882-1886) où il
essaya d'en former six. Il tenta sans succès de soulager la
collection du Caire en établissant à Alexandrie un musée
gréco-romain. Il poursuivit sur un plan méthodique le
déblaiement et la consolidation des principaux temples
d'Égypte. Enfin, il appela à l'entreprise des fouilles les

étrangers que Mariette avait écartés systématiquement, et, tout en essayant de régler leur industrie au moyen d'une loi que le Ministère égyptien ne lui accorda pas, il favorisa de son mieux la création de l'*Egypt Exploration Fund* (1882) qui a depuis lors rendu tant de services au pays : bref, il s'attacha à faire œuvre d'administrateur autant et plus que de savant, ainsi que son devoir envers l'Égypte l'exigeait.

Cela ne l'empêcha point de fouiller pour le gouvernement égyptien les pyramides à inscriptions des Pharaons de la V$^e$ et de la VI$^e$ dynastie à Saqqarah, Ounas, les deux Pioupi, Métésouphis (1881-1884), de découvrir à Gizéh une nécropole de la IV$^e$ dynastie (1882) et à Saqqarah, à Licht, à Dahshour (1883-1886) des cimetières de la V$^e$ et de la XII$^e$, de pousser les travaux en Abydos auprès de la Chounêt-ez-Zebîb (1881-1886), de continuer le dégagement du grand temple d'Edfou (1884-1885) opéré par Mariette, de découvrir à Thèbes le puits où se cachaient les momies de Thoutmôsis III, de Sêtouî I$^{er}$, de Ramsès II, de Ramsès III, et trente autres de princes et de princesses illustres dans les annales égyptiennes (1881), d'entreprendre à Karnak des travaux de consolidation qui ne purent être menés bien loin faute d'argent (1884-1885), mais qui empêchèrent pendant quinze ans le désastre de la salle hypostyle, de commencer le dégagement du grand temple à Médinet-Abou (1885), et surtout d'organiser, à l'aide d'une souscription ouverte en France, l'expropriation de la partie du village de Louxor qui recouvrait l'édifice d'Aménôthès III, de Sêtouî I$^{er}$, et de Ramsès II ; grâce à cette opération, qui présenta des difficultés considérables (1882-1884), il réussit à débarrasser l'aire du temple des huttes qui l'encombraient, à l'exception de la petite superficie recouverte par la mosquée d'Abou'l-Haggag dans l'angle nord-ouest de la première cour, et à entamer le dégagement du monument ainsi reconquis (1884-1886). C'est aussi avec l'argent provenant d'une souscription provoquée en France par le *Journal des Débats*, qu'il se mit à délivrer du sable qui l'étouffait le Sphinx de Gizéh (1886). Les résultats de son action ne purent être publiés par le gouvernement égyptien, faute de ressources, et ne parurent qu'en partie dans divers journaux scientifiques et dans quelques brochures isolées, *Bulletin de l'Institut égyptien, Zeitschrift, Recueil de Trc .aux* qui ajouta à son titre en 1881 la mention *pour servir de Bulletin à la Mission archéologique du Caire*, enfin aux *Mémoires* édités par cette Mission. Celle-ci, en effet, bien que n'ayant presque pas de fonds spéciaux, s'ingénia à mettre au jour les productions de ses membres, dans une série de volumes superbes, sous la direction de M. Maspero. Elles étaient de nature très variée : tandis que M. Maspero assignait aux arabisants c : l'école la tâche de restituer sur le terrain la topographie du Caire de Makrîzî, et de recueillir la littérature populaire de l'Égypte moderne, il occupait les égyptologues à explorer les temples et les tombeaux thébains ou à rechercher dans les monastères du Saîd les pauvres débris de la littérature copte. C'est ainsi qu'on eut successivement, dans les premiers volumes des *Mémoires*, de Bouriant, *Deux jours de fouilles à Tell-el-Amarna, l'Église copte du tombeau de Déga, Rapport au Ministre de l'Instruction publique sur une Mission dans la haute Égypte* (1884-1885), — de Loret, les *Tombeaux de l'Amxent Amenhotep* et de *l'Amxent Khâmha, Quelques documents relatifs à la musique et à la littérature populaire de la haute Égypte*, — de Lefébure, les trois volumes de ses *Hypogées royaux de Thèbes* dont j'ai déjà parlé, — de Virey, l'*Étude sur un parchemin rapporté de Thèbes* et le *Tombeau de Rekhmarâ*, — de Gayet, les *Monuments coptes du Musée de Boulaq, Catalogue des sculptures et des stèles ornées de la salle copte*, — d'Amélineau, ses *Monuments pour servir à l'histoire de l'Église chrétienne*, en deux volumes, allant du IVe au VIIe siècle. Plusieurs de ces ouvrages ne furent imprimés qu'assez tard après leur composition, la mise en train ayant exigé du temps ; mais ils appartiennent tous à cette époque héroïque de la Mission. Ceux qui traitent de l'art copte méritent une attention particulière, car on avait dédaigné jusqu'alors les productions de la civilisation chrétienne de l'Égypte et on avait négligé de les recueillir systématiquement. M. Maspero fut le premier à les rechercher, à en former un Musée distinct, et à en encourager la publication.

Cependant, des raisons de santé ayant obligé M. Maspero à quitter l'Égypte le 1er juillet 1886, M. Grébaut, directeur de l'École française, lui succéda à la direction du Service des Antiquités, à partir du 1er juin de la même année, et, le 1er décembre, M. Urbain Bouriant, qui était l'un des conservateurs adjoints de Boulaq depuis 1883, le remplaça comme directeur de l'École, tandis que M. Georges DARESSY, élève de l'École, prenait le poste de M. Bouriant au Musée. Cette modification du personnel en Égypte ne changea rien à la situation générale : l'École continua à recevoir de M. Maspero l'impulsion directrice. Celui-ci, de retour à Paris, avait repris ses leçons à l'École des hautes études ainsi qu'au Collège de France, et il s'était occupé tout d'abord de réorganiser les cours désemparés momentanément par le transfert imprévu, au Caire, des meilleurs étudiants, et par la succession rapide, au Collège de France, de M. Grébaut (1831-1884), de M. Lefébure (1884-1885) et de M. Guieysse (1885-1886). L'ouverture, en 1883, de deux cours d'Égyptologie à l'École du Louvre, l'un pour l'égyptien ancien par M. Pierret, l'autre de littérature et de droit démotique par M. Revillout, sembla d'abord lui faciliter la tâche. Tandis qu'il mettait en ordre les notes recueillies en Égypte et donnait rapidement au *Recueil*, dans les tomes III et suivants jusqu'au quatorzième, le texte et la traduction des écrits religieux contenus dans les Pyramides, réunis plus tard en un seul volume, sous le titre *les Inscriptions des Pyramides de Saqqarah* (1894), aux Mémoires de la Mission du Caire, *les Momies royales de Deir el Baharî* (t. I) et *les Fragments de la version thébaine de l'Ancien Testament* (t. VI), il préparait une génération nouvelle d'égyptologues qui, s'instruisant un peu au Louvre et beaucoup à l'École des hautes études, partaient ensuite pour le Caire, MM. BÉNÉDITE, Jules BAYET, Dominique MALLET, le père SCHEIL, BOUSSAC, CHASSINAT, LEGRAIN. Ce fut pour l'École française une période d'activité féconde, pendant laquelle nous eûmes des cours à Alger en 1886 pour M. Lefébure, à Paris pour M. Amélineau à l'École des hautes études (section des sciences religieuses), tandis que M. Victor Loret remplaçait M. Lefébure comme maître de conférences à Lyon.

Ces maîtres répandirent largement l'enseignement de la langue et de l'archéologie égyptiennes, et à ce moment, l'on vit paraître les thèses de M. Virey : *Études sur le papyrus Prisse* (1886) ; de M. GAYET, *Stèles de la XII<sup>e</sup> Dynastie du Musée du Louvre ;* de M. Mallet, *le Culte de Néith à Sais ;* de M. PATURET, *la Condition juridique de la femme dans l'ancienne Égypte ;* de M. Amélineau, *Essai sur le Gnosticisme égyptien*. L'antiquité égyptienne fut exploitée résolument dans toutes ses directions : grammaire par Victor Loret, qui résuma, dans son *Manuel de la Langue égyptienne*, l'enseignement de ses maîtres et y ajouta ses propres observations ; histoire, par M. Maspero, *Notes sur quelques points de grammaire et d'histoire* dans *la Zeitschrift* et dans *le Recueil* ; archéologie, par le même, qui condensait, dans son *Archéologie égyptienne*, les résultats de ses remarques sur les arts et l'industrie ; littérature hiératique, par le même encore, *Contes populaires de l'Égypte ancienne*, dont quatre éditions se sont suivies en moins de trente ans ; littérature démotique, par Revillout, *Rituel funéraire de Pamonth, Cours de Droit égyptien*, en nombreuses parties ; la *Littérature chrétienne de l'Égypte grecque et copte*, par Amélineau, dont j'ai déjà cité les ouvrages, et par Bouriant, dont les œuvres furent insérées presque toutes dans les *Mémoires de la mission*, ainsi que celles du père Scheil. Rochemonteix mourait malheureusement à la fin de 1892, ayant eu à peine le temps de mettre en train son *Temple d'Edfou*, dont MM. Maspero, puis Chassinat continuèrent la publication jusqu'à nos jours (1892-1914) sans l'achever ; mais Gayet et Bénédite commencèrent, le premier le *Temple de Louxor*, le second le *Temple de Philæ*. Dans le même temps, M. Maspero ne cessait pas d'analyser, dans la *Revue critique*, les livres qui y affluaient sur l'Égyptologie, de communiquer au *Victoria Institute* ses recherches sur les listes géographiques égyptiennes de la Palestine, et de développer, dans son *Bulletin de la Revue de l'Histoire des religions*, ses théories sur la nature des mythes et des dieux égyptiens, qui prévalent depuis ce temps dans l'École. Ajoutons, pour être complet, quelques ouvrages de vulgarisation qui firent plus que beaucoup de mémoires scientifiques pour répandre le goût des choses du Nil dans le grand public : les *Moines égyptiens* d'Amélineau (1889), ainsi que les *Lectures historiques* de Maspero (1888) et que ses catalogues. Déjà en 1883, il avait essayé de faire, du *Guide du visiteur au Musée de Boulaq*, un véritable manuel d'archéologie établi sur une collection; son *Catalogue du Musée égyptien de Marseille* (1889) est construit sur le même plan, bien qu'avec des proportions plus restreintes.

En Égypte, l'alliance étroite du Service des antiquités, sous M. Grébaut, et de la Mission du Caire, dirigée par M. Bouriant sous l'inspiration de M. Maspero, fut d'abord des plus heureuses. M. Bouriant, qui s'enfermait dans l'accomplissement de son devoir scientifique, publia au *Journal asiatique*, au *Recueil de Travaux*, aux *Mémoires* de la Mission, ses moissons de documents inédits et ses découvertes perpétuelles, *Notice des monuments coptes du Musée de Boulaq*, les *Canons apostoliques de Clément de Rome, la Stèle 5576 du Musée de Boulaq et l'Inscription de Rosette, Notes de Voyage, Fragments de la version copte du Roman d'Alexandre, Actes du Concile d'Éphèse, l'Éloge de l'Apa Victor fils de Romanos, Fragments du texte grec du Livre d'Énoch et de quelques écrits attribués à saint Pierre.* De son côté, M. Grébaut surveillait de près l'administration du Service des Antiquités, et poussant activement les fouilles, il continuait le déblaiement du temple de Louxor, engageait à fond celui de Médinet-abou, découvrait dans la seconde cachette de Deir-el-Bahari plus d'une centaine de momies appartenant à la famille souveraine des grands-prêtres d'Amon et à ses descendants, enfin il opérait heureusement, en 1890-1891, le transfert du Musée égyptien, de l'édifice étriqué de Boulaq au palais grandiose de Gizéh; mais le parti qu'il crut bon de prendre dans la politique égyptienne motiva son retour en France, au cours de l'année 1892.

Il eut pour successeur à la Direction générale des antiquités M. Jacques DE MORGAN, qui venait de se faire
connaître par ses recherches archéologiques dans le Cau-
case russe et en Perse. Le nouveau directeur s'occupa de
son service avec activité, achevant le déblaiement de Médinet-abou, explorant avec soin les carrières de la haute
Égypte et les environs d'Assoûan, reprenant les fouilles
que M. Maspero avait commencées autour des Pyramides
de Dahchour et y recueillant, en 1894-1895, les bijoux ad-
mirables de plusieurs princesses qui avaient vécu sous la
XIIᵉ dynastie. Une bonne part de ces travaux avait été
accomplie avec la collaboration de la Mission permanente du
Caire et mise au jour par elle, dans J. de Morgan-Bouriant,
*les Carrières de Ptolémaïs*; mais d'autres avaient été publiés
indépendamment par le ministère égyptien, *Catalogue des
monuments et inscriptions de l'Égypte ancienne*, t. I, de *la
Frontière de l'Égypte à Kom-Ombo*; et t. II, *Kom-Ombo*, première partie, puis *Fouilles à Dahchour*, mars-juin 1894, t. I.
Des recherches particulières, absorbant M. de Morgan, im-
primèrent toutefois à son esprit une direction différente, et,
rompant avec la tradition établie par Champollion, lan-
cèrent la science sur des voies nouvelles. Jusqu'alors les
savants avaient discuté, sans résultat évident, la question
de savoir si l'Égypte antique avait connu un âge de la pierre
et s'il en subsistait des traces; malgré la découverte opérée
en 1869 par des savants français, ARCELIN, HAMY, Fran-
çois LENORMANT, sur la montagne qui surplombe Deir-el-
Bahari, les avis demeuraient partagés à ce sujet, et les
Égyptologues s'étaient si bien accoutumés à commencer
l'histoire positive du pays à la fin de la IIIᵉ dynastie, que
M. PETRIE, ramenant au jour, pour la première fois, près
de Naggadah et de Ballas, des vestiges nombreux d'une
civilisation grossière, les attribuait non pas aux Égyptiens
d'avant Ménès, mais à une race nouvelle apparue vers le
temps du moyen empire. M. de Morgan, reprenant les
fouilles de Petrie à Naggadah, et les étendant à d'autres
localités du Saîd situées entre Assiout et Thèbes, montra
qu'il s'agissait, en réalité, des générations antérieures à l'âge

des grandes Pyramides. Presque sim·tanément M. Amélineau, creusant le sable dans les nécropoles d'Abydos, y découvrait dans la région d'Omm-el-Gaab, la *mère des pots*, les hypogées des rois de la I<sup>re</sup>, de la II<sup>e</sup> et de la III<sup>e</sup> dynasties (1895). Cinq années durant, de 1895 à 1899, M. Amélineau exploita le site d'Abydos, aux frais d'une association d'amateurs français. Ces fouilles, les plus fécondes qu'il y eût en résultats nouveaux, furent publiées : par M. de Morgan, dans son ouvrage en deux volumes, *Recherches sur les origines de l'Égypte*, t. I *l'Age de la pierre et des métaux*, t. II *Ethnographie préhistorique et le tombeau royal de Négadah*; par M. Amélineau, malheureusement avec un esprit critique insuffisant, dans une foule de rapports, de brochures ou de livres, qui se succédèrent de 1895 à 1910, *les Fouilles d'Abydos, campagne de 1895-1896*, *les nouvelles Fouilles d'Abydos* (1896-1897), *les nouvelles Fouilles d'Abydos* (1897-1898), et trois volumes in-4° sur *les nouvelles Fouilles d'Abydos*, et *le Tombeau d'Osiris, monographie de la découverte faite à Abydos, en 1897-1898*.

La mission française avait pris une part importante aux travaux de M. de Morgan, mais employée par lui à des tâches secondaires, elle n'en tira pas de renom. M. Maspero en effet, forcé de surveiller les études qu'il avait entreprises pour son propre compte, avait renoncé à s'occuper d'elle pour le moment. C'étaient d'un côté son *Histoire des peuples de l'Orient classique* dont il avait donné une forme abrégée vingt ans auparavant et qui parut en livraisons de 1892 à 1900, de l'autre ce qu'il appela la *Bibliothèque égyptologique*. Il avait remarqué, au cours d'une carrière déjà longue, que la plupart des œuvres écrites par les maîtres de l'Égyptologie, depuis Champollion, étaient comme perdues dans des livres tirés à petit nombre d'exemplaires, ou dans des revues et des journaux disparus depuis longtemps : il résolut donc d'aller les rechercher où elles étaient et de les réunir dans une collection accessible à tous. C'était rendre service aux jeunes, qui ne se trouveraient plus exposés à présenter comme neuves des idées déjà vieilles, et aux anciens, dont on pouvait ainsi saisir aisé-

ınent le travail et apprécier à sa juste valeur l'influence
exercée au développement de la science. Ajoutez à cela
une collaboration régulière au *Journal des Débats* destinée
à populariser l'historiographie ancienne de l'Orient; une
partie des articles composés ainsi, non sans peine, a été
réunie en volume vers 1907. Cependant l'assiduité ne fai-
blissait pas à l'École des hautes études et au Collège de
France, dont MM. Lacau, Moret, Isidore Lévy, le père
Deiber, l'abbé Ermoni, et vingt autres suivaient les cours.
M. Mallet publiait son bel ouvrage sur les *Premiers établissements des Grecs en Égypte*. M. Chassinat achevait le premier volume de l'*Édfou* de Rochemonteix. M. Amélineau
lançait l'un après l'autre ses *Actes des Martyrs de l'Église
copte*, sa *Morale égyptienne quinze siècles avant notre ère, études
sur le papyrus de Boulaq nº 4*, où il s'inspirait des remarques faites par M. Maspero à l'École des hautes études,
son *Essai sur l'Évolution historique et philosophique des idées
morales dans l'Égypte ancienne*, et la première partie fort
peu personnelle de son *Histoire de la sépulture et des funé-
railles en Égypte*. M. Loret composait sa *Flore pharaonique*.
M. Chardon amorçait son *Dictionnaire démotique* qu'il n'a
point terminé. M. Legrain offrait comme thèse à l'École du
Louvre le *Livre des Transformations*, et M. Boudier, les
*Vers égyptiens, métrique démotique, étude prosodique et pho-
nétique des Poèmes satyriques, du Poème de Moschion et des
papyrus à transcriptions grecques de Leyde et de Londres*.

   A cette époque, M. de Morgan étant retourné en Perse
avec une Mission du Ministère français, M. Victor Loret le
remplaça en Égypte à la direction du Service des antiquités
(juillet 1897), et il se voua tout entier aux fouilles. Elles
furent heureuses à Saqqarah, où il fit sortir des sables la
pyramide ruinée d'une reine Apet de la VIe dynastie, puis,
autour d'elle, plusieurs tombeaux qui formèrent comme
une Pompéi égyptienne, et surtout à Thèbes où, de 1898
à 1899, il découvrit les hypogées de Thoutmôsis Ier, de
Thoutmôsis III, de Maharpiriou et d'Aménôthès II, où
étaient renfermées les momies de onze des Pharaons et des
princesses des XVIIIe, XIXe et XXe dynasties, en réalité

le complément de la trouvaille opérée dix-sept ans auparavant à Deir-el-Bahari. Malheureusement sa direction, si brillante par certains côtés, ne dura que deux années, et le 1er novembre 1899, M. Maspero se voyait renvoyé par le Ministère des Affaires étrangères de France à son ancien poste de directeur du Service des Antiquités. Il porta tous ses soins sur l'administration, divisa le territoire entre onze inspecteurs indigènes aux ordres de deux inspecteurs en chef européens, remit l'ordre dans les finances, réprima de son mieux les fouilles illicites des marchands, prépara dès 1902 une loi sur les antiquités, qui ne fut promulguée que le 12 juin 1912 et que le système des capitulations l'empêcha d'appliquer aux Européens, provoqua, en dépit d'une opposition acharnée, la création de musées locaux à Ismaîliah (1908), à Éléphantine (1912), à Tantah (1913), à Miniéh (1914) et surtout à Assiout (1911-1914), organisa la protection de la région des Oasis (1909), et de 1907 à 1910 arma contre la destruction les temples de la Nubie que menaçait l'élévation des eaux du Nil, produite par le barrage d'Assouan, Debôt, Taffah, Kalabchéh, Dandour, Gerf–Hussein, Ouady es-Séboua, Derr, Ibsamboul. D'autre part, se débarrassant de la tâche des fouilles sur les étrangers, il se chargea d'exécuter le déblaiement et la consolidation des principaux monuments de l'Égypte propre, Saqqarah, Abydos, el–Hibéh de la Grande Oasis, Dendérah, Assouan : il fit dégager à fond Karnak par M. Legrain, Gournah, Esnéh et Edfou par M. Barsanti, Deir–el–Médinéh par M. BARAIZE qui avait restauré déjà el–Hibéh. Les résultats de ses efforts sont consignés dans le *Recueil de travaux*, dans la *Zeitschrift*, dans les *Comptes rendus* de l'Institut égyptien, dans le *Bulletin* de l'Institut français d'Archéologie orientale du Caire, enfin dans les *Annales du Service des Antiquités*, fondées en 1899 par M. Loret et dont quatorze volumes ont paru de 1900 à 1915. Cette même période vit achever par ses soins le *Kom-Ombo* et les *Fouilles à Dahchour* de M. de Morgan, puis continuer le *Musée égyptien*, dont M. Grébaut avait émis quelques planches pour une première livraison en 1889, mais qui était demeuré sus-

pendu ensuite jusqu'en 1900. Ces labeurs officiels n'arrêtèrent point les travaux personnels de M. Maspero; mais
sans renoncer de collaborer à la *Revue critique*, il ne cessa
pas d'éditer la *Bibliothèque égyptologique* qui compte aujour-
d'hui près de quarante volumes; il réunit dans trois livres
différents intitulés *Causeries d'Égypte* (1906), *Ruines et Souvenirs d'Égypte* (1909) et *Essais d'Art égyptien* (1911), les articles de vulgarisation qu'il avait écrits pour le *Journal des
Débats*, pour le *Temps* et pour diverses revues, inséra dans
la *Bibliothèque d'Étude* des éditions critiques des *Mémoires
de Sinouhit* (1908), de l'*Hymne au Nil* (1911) et des *Instruc-
tions d'Amenemhait* (1914), enfin composa pour la collection
*Ars una* le traité *Égypte* (1912) où est exposée pour la première fois l'histoire complète de l'art égyptien, depuis ses
origines jusqu'à sa disparition.

Presque en même temps que le Service des Antiquités, la
Mission permanente du Caire avait changé de directeur, et,
qui plus est, de condition. M. Bouriant, subordonné par
ordre à M. de Morgan, puis à M. Loret, n'avait pas eu le
loisir d'achever la préparation de son grand ouvrage sur
*Medinet-abou*, ni de demander beaucoup d'activité à ses
élèves; il avait pourtant déménagé la Mission de la Maison
Karcher dans l'édifice que l'architecte Ambroise, Baudry
lui avait bâti aux frais du gouvernement français, dans la
rue Soliman-Pacha, près du nouveau Musée égyptien. En
s'établissant ainsi chez elle, la Mission avait perdu son nom
et modifié son statut : elle était devenue l'*Institut français
d'Archéologie orientale du Caire* et elle avait reçu la per-
sonnalité civile. Bouriant y ouvrit une imprimerie très
modeste d'abord, mais au mois de septembre 1897, il fut
frappé d'hémiplégie, et, après une sorte d'interrègne où
Chassinat, alors membre de l'École, exerça ses fonctions, il
fut mis à la retraite et Chassinat lui succéda comme directeur en 1898. Celui-ci par goût et par nécessité, développa
fortement l'imprimerie et fit d'elle, pour la composition et
pour le tirage hiéroglyphique, le premier atelier du monde.
Il dirigea des fouilles importantes à el-Ghattah, près d'Abou-
roache, à Baouît, à Assiout, avec le concours des membres

de l'Institut, GAUTHIER, GUILMANT, CLÉDAT, PIÉRON, GOM-
BERT, PALANQUE, BARRY, LESQUIER et des élèves de l'École
d'Athènes détachés auprès de lui, JOUGUET et Gustave LE-
FEBVRE. Gombert périt malheureusement près de Tounah,
mais les autres eurent le temps de mettre en ordre le résultat de leurs recherches. Palanque, élève diplômé de
l'École des hautes études, y avait présenté comme thèse
un ouvrage sur le *Nil à l'époque pharaonique*. Clédat publia
de 1904 à 1906 le *Monastère et la Nécropole de Baouît*, GUIL-
MANT, *le Tombeau de Ramsès IX* en 1907, MALLET, en 1909,
le *Kasr el-Agoûz*, Chassinat avec Piéron et Gauthier (1906)
les *Fouilles d'El-Ghattah*, et seul en 1910 le *Mammisi d'Edfou*.
Joignez-y les *Mémoires sur les fouilles de Licht*, exécutées au
temps de Bouriant par Gautier et JÉQUIER, les *Monuments
pour servir à l'histoire du Culte d'Atonou* recueillis en 1893 par
Bouriant, Legrain et Jéquier, mais mis au jour en 1903-1905
seulement, les travaux de Lacau, *Fragments d'apocryphes
coptes* (1904), de DEIBER, *Clément d'Alexandrie et l'Égypte*
(1904), de VERNIER sur *la Bijouterie et la Joaillerie égyptiennes*
(1907), le *Livre des Rois d'Égypte* commencé par Gauthier
en 1910 dont les trois volumes parus n'ont pas épuisé la
matière, et vous aurez une idée de l'élan qu'il imprima à
l'École dans le domaine égyptologique, car je n'ai pas à
parler ici des publications entreprises dans les autres
champs de l'orientalisme. La création du *Bulletin de l'Institut français d'Archéologie orientale* (1901), dont quatorze
volumes sont là, fournit aux membres l'occasion de faire
profiter le public de leurs recherches moindres, et celle de
la *Bibliothèque d'Étude* (1908), dont six volumes sont déjà en
vente, le moyen de préparer des éditions de manuscrits
égyptiens ou coptes. Son activité fut ralentie vers 1905,
1906, 1907 par une campagne de la presse française d'Égypte
qui, ne comprenant pas le rôle que jouait notre Institut
dans le pays, prétendit le dépouiller du terrain qu'il pos-
sédait au profit d'autres établissements. Pour le soustraire
aux attaques, il dut le transporter au quartier lointain de
Mounira, sur un terrain où il donna asile à l'École de Droit
français. Il réussit à le faire dans des conditions très avan-

tageuses, mais les soucis de l'opération et le trouble qu'elle
jeta dans le recrutement arrêtèrent les fouilles importantes :
le transfert dûment achevé, il envoya sa démission en janvier 1912 et fut remplacé en juillet suivant par M. Lacau,
qui se consacra exclusivement aux fouilles et explora avec
succès, en collaboration avec M. MONTET, la nécropole
d'Abou-roache (1913-1914), par les soins de MM. DAUMAS et
Jean MASPERO, les édifices de Baouît (1913), enfin en 1914,
les koms d'Edfou par l'intermédiaire de MM. JOUGUET et
COLLOMP (1914). L'impulsion donnée aux publications par
M. Chassinat continua de s'exercer pleinement pendant ces
deux années encore. Elles ont vu paraître : Chassinat et
Palanque, *une Campagne de fouilles dans la nécropole d'Assiout* (1911); Gautier, *le Livre des Rois d'Égypte* (t. III, 1913);
COUYAT et Montet, *les Inscriptions de la vallée de Hamma-
mat* (1914) : la plupart de ces travaux durent leur succès à
la collaboration du Service des antiquités et de la Mission.

Nulle part cette collaboration ne se montra plus intime
et plus bienfaisante que dans ce qui regarde le Musée du
Caire : elle facilita grandement l'impression des ouvrages
publiés par celui-ci, et celui-ci à son tour fournit aux
membres de la Mission les matériaux d'innombrables ou--
vrages. Lorsque, du 13 février au 13 juillet 1902, M. Maspero
transporta la collection égyptienne de Gizéh au Caire dans
l'édifice construit spécialement au Kasr-en-Nil pour la
recevoir, sa lourde tâche ne fut point terminée : il fallait
classer les objets par ordre de matières et de dates, amé-
nager les salles d'exposition et la bibliothèque, cataloguer
les séries scientifiquement et faire connaître le sens des plus
importantes au grand public, toutes choses assez difficiles
car, si le plan général des bâtiments avait été dressé, à la
suite d'un concours international, par l'architecte français
Dourgnon, l'exécution qui en avait eu lieu de 1897 à 1902
avait été entachée de malfaçons telles que l'on dut refaire
presque immédiatement, de 1907 à 1915, toutes les terrasses
en ciment armé et, par conséquent, modifier sans cesse à
l'intérieur la disposition des salles. Malgré ces remanie-
ments perpétuels, M. Maspero crut de son devoir de donner

au grand public un *Guide du visiteur au Musée du Caire*, qui, tout en faisant comprendre à celui-ci la nature, l'époque, la valeur historique, la signification civile ou religieuse des objets décrits, le préparerait à entendre et à goûter ce qu'il pourrait voir dans la haute Égypte : ce *Guide*, qui de 1902 à 1915 a eu quatre éditions françaises, cinq anglaises et une arabe, en tout environ quinze mille exemplaires, et dont M. Maspero a fait, selon l'idéal qu'il poursuivait, un traité d'archéologie illustré par les monuments qu'il avait sous les yeux, a été imprimé par l'Institut français d'archéologie. C'est ce dernier aussi qui pouvait seul exécuter dignement l'impression du *Catalogue général des Antiquités égyptiennes du Musée du Caire*, destiné aux érudits. Ce dernier avait été commencé du temps de M. de Morgan et de M. Loret, sur un plan un peu confus, par les soins d'une commission internationale de cinq membres que présidait un Allemand, M. Ludwig Borchardt. Arrivé trop tard pour remédier au désordre du plan, M. Maspero élargit du moins celui-ci, rompit peu à peu le cadre de la commission, et invita à participer à l'œuvre tous les savants que leur bonne fortune amenait en Égypte ; enfin, en 1900, il obtint du gouvernement égyptien les fonds nécessaires pour bien éditer ce catalogue. Depuis l'année 1900, jusqu'à nos jours, plus de soixante volumes ou fascicules munis largement de planches ont paru, dont la moitié environ sont dus à la plume de savants français et de membres de l'Institut archéologique. M. DARESSY, aujourd'hui secrétaire général du service, et dont l'œuvre considérable avait été dispersée jusqu'alors dans des journaux scientifiques, *Revue archéologique*, *Recueil de travaux*, *Bulletin de l'Institut égyptien*, ouvrit la série en 1900, et la continua à quelques années d'intervalle par ses volumes de *Dessins et de textes magiques*, du *Tombeau de Maherprâ et d'Aménophis II*, des *Momies royales de Deir-el-Bahari*, des *Figures de divinités égyptiennes*. M. Lacau a publié *les Cercueils du Moyen Empire* (2 vol.), et le premier volume des *Stèles de la XVIII^e dynastie;* M. Moret, *les Cercueils de la XXII^e dynastie* (2 vol.); M. Gauthier, *les Cercueils des prêtres de Mentou;* M. Gaston Maspero, le

premier volume des *Sarcophages d'époque Saïte et Ptolémaïque;* M. Vernier, deux livraisons de *Bijoux et d'orfèvre-
ries* que M. Daressy achèvera; M. Bénédite, trois volumes
sur les petits objets de toilette; M. Legrain, trois volumes
sur les statues provenant du fonds découvert par lui dans
la *favissa* de Karnak; M. Lefebvre, *le Papyrus de Ménandre;*
M. Jean Maspero, *les Papyrus byzantins*, en trois volumes
dont le dernier est sous presse; M. Chassinat, *la Trouvaille des Grands-Prêtres d'Ammon de la XXI^e dynastie*, et
d'autres sont prêts qui ont pour auteurs MM. MUNIER,
Moret, Gauthier, Gaston Maspero. Je ne parle pas des
collaborateurs étrangers, Reisner, Currelly, Elliot-Smith,
et maint autre dont les presses de l'Institut ont eu également les volumes. La seconde des grandes œuvres du
Service égyptien, *les Temples immergés de la Nubie* en est
sortie tout entière : Gaston Maspero, *Rapports et Mémoires;*
Gauthier, *Kalabchèh, Amada* et *Ouady es-Sébouâ;* Rœder,
*de Débôt au Bab Kalabchéh* et le premier volume de *Dakkéh;*
Blackmann, *Derr* et *Bigéh.* Comme on le voit, ce ne sont
pas les Français seuls qui tirent profit de l'imprimerie
montée par la France auprès de l'Institut d'archéologie
orientale.

Si, en présence des succès remportés à l'étranger, ceux qui
ont été obtenus par les Égyptologues demeurés en France
pâlissent un peu, ils n'en ont pas moins été fort apprécia-
bles pendant la période de temps qui s'est écoulée depuis
1909 jusqu'en 1914. M. Victor Loret, à Lyon, n'a pas publié
beaucoup d'œuvres originales, mais son excellent enseignement nous a procuré plusieurs bons élèves dont le dernier
venu, M. Montet, s'est distingué à l'Institut du Caire.
M. Lefébure, mort à Alger en 1908, n'a guère écrit dans
ses dernières années qu'un petit nombre de mémoires
d'histoire religieuse qui seront recueillis dans le dernier
volume de ses *Œuvres*, mais M. Georges FOUCART, professeur d'abord d'Histoire ancienne à la Faculté des lettres
de Bordeaux (1898-1906), puis d'Histoire des religions à la
Faculté d'Aix-Marseille, après avoir soutenu en 1898 une
thèse remarquable sur l'*Ordre lotiforme*, et prodigué beau-

coup d'articles tant à la *Revue archéologique* qu'au *Sphinx* dont il est un des directeurs depuis la mort de Karl Piehl, a risqué un livre fort hardi et fort discuté, *Histoire des religions et méthode comparative*, qui a eu rapidement deux éditions (1912, 1913) : il est, depuis janvier 1915, directeur de l'Institut archéologique du Caire. Guieysse est mort en 1914, après avoir enseigné jusqu'au bout à l'École des hautes études, (section d'Histoire et de Philologie), et Moret y professe seul pour l'instant. Après avoir inséré plusieurs articles dans le *Recueil de travaux*, il avait choisi pour sujets de thèse l'histoire du roi Bocchoris qu'il écrivit en latin, *De Bocchori rege*, et le *Caractère religieux de la royauté pharaonique* (1902), adjoignant à ce dernier sujet comme complément *le Rituel du culte divin journalier en Égypte* (1902). Il y ajouta de nombreux articles dans le *Recueil*, entre autres des observations importantes sur *les Donations et les contrats funéraires dans l'ancienne Égypte*, et un catalogue très détaillé des monuments égyptiens du musée d'Aix-en-Provence ; dans les Annales du musée Guimet, un catalogue de la partie égyptienne de ce musée (1908) ; enfin, dans le *Journal asiatique*, la première partie d'une critique dirigée contre les idées du commandant WEILL et intitulée *Chartes d'immunité dans l'ancien Empire égyptien* (1913). Entre temps, il a dissimulé dans la *Revue de Paris* et dans la *Bibliothèque de vulgarisation*, des articles destinés au grand public et qu'il a réunis en deux volumes sous les titres : *Au temps des Pharaons* (1904), *Rois et Dieux d'Égypte* (1911), et *Mystères égyptiens*. Son enseignement à l'École des hautes études a produit un élève, M. SOTTAS, qui, après quelques articles de moindre intérêt dans les Revues scientifiques, conçut en 1913 une thèse pour l'obtention du diplôme, *la Préservation de la propriété funéraire dans l'ancienne Égypte;* c'est le début le meilleur qui ait été fait dans notre science depuis très longtemps. Comme M. Sottas, M. Weill est officier de carrière. Il débuta en 1898 par un article inséré au *Journal asiatique*, article que sa compétence sur les questions militaires rendait spécialement intéressant, *l'Art de la fortification dans la haute antiquité égyptienne.* Il se voua ensuite à l'étude du Sinaï, et après avoir pris la presqu'île même pour sujet de sa thèse, qui ne parut qu'en 1908, il édita préalablement le *Recueil des inscriptions égyptiennes du Sinaï* (1904). Il avait réservé son autre thèse à la recherche et à la discussion approfondie des monuments se rapportant aux rois de la *II*e *et de la III*e *dynastie* (1908), quand, après s'être attaché pendant une année (1905) aux fouilles de Flinders Petrie, il s'associa au jeune A. J. REINACH pour faire des fouilles au bord du Nil. Ils découvrirent ensemble à *Coptos* les premiers monuments connus de la VIIIe dynastie, et, tandis qu'A.-J. Reinach faisait le récit de leur campagne dans son *Rapport sur les fouilles de Coptos* (1909-1910), Weill publiait les *Décrets royaux de l'ancien Empire égyptien, étude sur les décrets royaux trouvés à Coptos et sur les documents similaires d'autres provenances* (1911), ouvrage qui, malgré ses fautes réelles et les critiques de Gardner en Angleterre, de Moret en France, de Kurt Sethe en Allemagne, demeure des plus suggestifs. C'est surtout dans les *Annales du Service des Antiquités* que Lefebvre a consigné ses notes tantôt grecques, tantôt hiéroglyphiques, sur les monuments par lui recueillis au cours de ses inspections. Montet a multiplié les petits mémoires au *Recueil*, dans le *Sphinx* et dans le *Bulletin de l'Institut.* Jean Maspero s'est livré à de curieuses investigations sur les sources coptes et arabes de l'histoire d'Égypte et a présenté une thèse pour le diplôme d'élève de l'École des hautes études sur l'*Armée byzantine d'Égypte* (1911) (1). C'est également à l'Égypte des derniers siècles que Jouguet, Lesquier et Gayet ont consacré, au moins en partie, leurs travaux. Jouguet en écrivant sa thèse sur *la Vie municipale en Égypte* (1910); Lesquier par ses

-------

(1) A l'heure où ces lignes sont écrites, MM. MONTET et LEFEBVRE sont aux armées ; MM. SOTTAS et WEILL ont été blessés au feu, le premier très grièvement ; M. A. J. REINACH a disparu depuis le mois d'août 1914 ; M. Jean MASPERO est tombé à Vauquois, le 17 février 1915, et le dessinateur de l'Institut d'archéologie, M. DAUMAS, a été tué à l'ennemi dès les premières rencontres de 1914 en Lorraine. L'Égyptologie, sous toutes ses formes, a payé largement son tribut à la patrie.

recherches sur l'*Armée ptolémaïque* (1911) et sur l'armée romaine d'Égypte, auxquelles il a ajouté en 1914 un essai plus bizarre qu'heureux de *Grammaire égyptienne;* Gayet par l'*Exploration des ruines d'Antinoé* (1896), différentes notices sur les fouilles de cette même ville de 1898 à 1914, *l'Art copte* (1906), et de nombreuses brochures écrites un peu au hasard. Notons, en terminant, les deux ouvrages où M. Virey a résumé en 1909 la matière des leçons qu'il avait faites avec beaucoup de vigueur et d'impartialité à l'Université catholique de Paris sur la *Religion égyptienne* et où M. Jules BAILLET a exposé en détail vers 1912 ses idées sur la *Morale.*

Telle est dans ses grandes lignes l'histoire du développement qu'a suivi, depuis l'Exposition universelle de 1867, l'Égyptologie française. Si l'on reprend un à un tous les hommes qui tenaient la scène au début de cette période, E. de Rougé, Chabas, Devéria, Mariette, on verra qu'ils sont morts ainsi qu'une partie de ceux qui les ont suivis. Berend, Rochemonteix, Bouriant, Lefébure, Revillout, Guieysse, Grébaut, Amélineau, Jacques de Rougé, Pierret, Auguste Baillet ne produisent plus guère. Gaston Maspero continue à travailler et à professer, mais l'âge de la retraite ne tardera pas à sonner pour lui. Malgré le dédain que beaucoup d'étrangers, qui n'ont fait ni plus ni mieux, affectent pour elle et pour une partie de son œuvre, cette génération qui s'en va peut se rendre le témoignage qu'elle n'a point laissé péricliter l'œuvre de Champollion. En France, elle a enseigné sans relâche au Collège de France, à l'École des hautes études, au Louvre; elle a obtenu la création de chaires qui n'ont pas été toutes conservées, à Lyon, à Alger, à Bordeaux, à Aix–Marseille; elle a recueilli l'œuvre de ses devanciers et elle a préparé celle de ses successeurs. En Égypte, elle a organisé le Service des antiquités et elle a si bien assuré la protection de celles-ci que toutes les nations européennes, et même l'Allemagne, ont dû lui reconnaître de ce chef un véritable droit de préséance; et si, plus tard, pour des raisons de politique, elle est amenée à y renoncer, elle a créé au Caire une grande École qui est en état d'y perpétuer la tradition des recherches purement scientifiques. J'espère que, malgré les pertes cruelles qu'elle subit du fait de la guerre, la génération actuelle, la troisième depuis 1867, ne faillira pas à maintenir de toutes ses forces l'édifice que la deuxième a bâti : elle est jeune, pleine d'ardeur, animée d'un puissant esprit de critique, prête à tout entreprendre, et, lorsqu'elle pourra se réappliquer au travail, elle le fera avec les qualités d'énergie et de maturité qu'une crise aussi forte que celle qu'elle traverse en ce moment ne peut manquer de lui donner.

G. MASPERO.

# BIBLIOGRAPHIE

*Description de l'Égypte ou Recueil des observations qui ont été faites en Égypte pendant l'expédition de l'armée française,* 10 vol. de texte in-4° et 14 vol. de planches in-fol. Paris, Impr. Royale, 1809-1829.

CHAMPOLLION LE JEUNE. — *L'Égypte sous les Pharaons ou Recherches sur la Géographie, la Religion, la Langue, les Écritures et l'Histoire de l'Égypte avant l'invasion de Cambyse,* 2 vol. in-8°. Paris, de Bure frères, 1814.

— *Lettre à M. le duc de Blacas d'Aulps relative au Musée royal égyptien de Turin,* in-8°. Paris, Didot, 1824.

— *Précis du système hiéroglyphique des anciens Égyptiens ou Recherches sur les éléments premiers de cette écriture sacrée, sur leurs diverses combinaisons et sur le rapport de ce système avec les autres méthodes graphiques égyptiennes,* 2e éd., augmentée de la *Lettre à M. Dacier relative à l'alphabet des hiéroglyphes phonétiques* (1814), 2 vol. in-8°. Paris, Impr. Royale, 1827-1828.

— *Grammaire égyptienne ou Principes généraux de l'écriture sacrée égyptienne appliquée à la représentation de la langue parlée,* in-4°. Paris, Didot, 1836.

— *Monuments de l'Égypte et de la Nubie d'après les dessins exécutés par l'auteur sur les lieux,* 4 vol. in-fol. Paris, Didot, 1835-1845.

— **Dictionnaire égyptien en écriture hiéroglyphique,* in-4°. Paris, Didot, 1841.

CHAMPOLLION LE JEUNE. — *Monuments de l'Égypte et de la Nubie. Notices descriptives conformes aux manuscrits autographes rédigés sur les lieux par l'auteur*, 2 vol. in-4º. Paris, Didot, 1844-1855.

Emm. DE ROUGÉ. — *Notice des monuments exposés dans la galerie d'antiquités égyptiennes au Musée du Louvre*, 1re éd., in-8º. Paris, Vinchon, 1849.
— *Rapport adresssé à M. le Directeur général des Musées nationaux sur l'exploration scientifique des principales collections égyptiennes renfermées dans les divers Musées publics de l'Europe.* Extrait du *Moniteur* des 7 et 8 mars 1851.
— *Mémoire sur l'inscription du tombeau d'Aahmes, chef des nautonniers*, in-4º. Paris, Impr. Nationale, 1851.
— **Le Poème de Pen-ta-our.* Extrait d'un *Mémoire sur les campagnes de Ramsès II — Sésostris*, in-8º. Paris, Didot, 1856.
— *Inscriptions hiéroglyphiques copiées en Égypte pendant sa mission scientifique*, 2 vol. in-4º. Paris, Vieweg, 1877-1879,
— *Inscriptions et notices recueillies à Edfou, par E. de Rougé*, publiées par J. de Rougé, 2 vol. in-8º. Paris, Leroux, 1880.

F. CHABAS. — *Le Papyrus magique Harris, traduction analytique et commentée d'un papyrus égyptien*, in-4º. Chalon-sur-Saône, Dejussieu, 1860.
— *Les Pasteurs en Égypte*, in-4º. Amsterdam, E. de Post, 1868.
— *Voyage d'un Égyptien en Syrie, en Phénicie, en Palestine au XIVe siècle avant notre ère*, in-4º. Paris, Maisonneuve, 1866.
— *Mélanges égyptologiques*, 3 parties, in-8º. Chalon-sur-Saône, 1862-1873.
— *Étude sur l'antiquité historique d'après les sources égyptiennes et les monuments réputés préhistoriques*, 2e éd., gr. in-8º. Paris, Maisonneuve, 1873.
— *Les Maximes du scribe Ani*, in-4º. Chalon-sur-Saône, Dejussieu, 1876-1878.
— *Recherches pour servir à l'histoire de la XIXe dynastie et spécialement du temps de l'Exode*, in-4º. Chalon-sur-Saône, Dejussieu, 1873.

J. MARIETTE-PACHA. — *Note sur la découverte et sur les fouilles du Sérapéum de Memphis.* Publiée dans les comptes rendus des Séances de l'Académie des Inscriptions, 8 et 15 décembre 1854.
— *Renseignements sur les 64 Apis trouvés dans les souterrains du Sérapéum de Memphis.* Bulletin de l'Athenæum français, 1855-1856.

J. Mariette-Pacha. — *Mémoire sur la mère d'Apis.* in-4º. Paris, J. de Baudry, 1856.
— *Lettre et deuxième lettre à M. le vicomte de Rougé sur les fouilles de Tanis.* R. A. (1), 2ᵉ série, III et V. Paris, 1861-1862.
— *Notices des principaux monuments exposés dans les galeries provisoires du musée d'Antiquités égyptiennes de S. A. le vice-roi à Boulaq,* in-8º. Alexandrie, Mourès, 1864.
— *Fouilles exécutées en Égypte, en Nubie et au Soudan d'après les ordres du vice-roi,* 2 vol. Paris, Franck, 1867.
— *Abydos, descriptions des fouilles exécutées sur l'emplacement de cette ville,* 3 vol. in-fol. et in-4º. Paris, Vieweg, 1869-1880.
— *Denderah, description générale du Temple de cette ville,* 5 vol. planches in-fol., 1 vol. texte in-4º. Paris, Vieweg, 1870-1875.
— *Remarques sur l'âge de la pierre en Égypte.* Rapport lu à l'Académie des inscriptions, le 4 nov. 1870.
— *Les Papyrus égyptiens du Musée de Boulaq publiés en fac-similé sous les auspices de S. A. Ismail-Pacha, khédive d'Égypte,* 3 vol. in-fol. Paris, Vieweg, 1871-1878.
— *Liste géographique des pylônes de Karnak,* in-fol. et in-4º. Leipzig, Hinrichs, 1875.
— *Karnak, étude topographique et archéologique,* in-fol. et in-4º. Leipzig, Hinrichs, 1875.
— *Deir-el-Bahari, Documents topographiques... recueillis dans le temple,* in-4º et in-fol. Leipzig, Hinrichs, 1877.
— **Monuments divers recueillis en Égypte et en Nubie,* in-fol. Paris, Vieweg, 1881.
— *Voyage dans la haute Égypte,* 2 vol. in-fol. Paris, Vieweg, 1881.
— *Le Sérapéum de Memphis,* publié d'après les manuscrits de l'auteur, par G. Maspero, in-4º et in-fol. Vieweg, 1882.
— **Les Mastabas de l'ancien Empire,* publiés par G. Maspero, in-fol. Paris, Vieweg, 1889.

---

(1) Abréviations désignant les collections et périodiques cités : A. M. G. : *Annales du Musée Guimet.* B. E. : *Bibliothèque d'Études.* B. Eg. : *Bibliothèque égyptologique.* C. G. : *Catalogue général des antiquités égyptiennes du Musée du Caire.* E. E. : *Études égyptologiques.* M. I. : *Mémoires publiés par les membres de l'Institut français d'archéologie orientale.* M. M. : *Mémoires publiés par les membres de la Mission archéologique française du Caire.* M. P. : *Monuments et Mémoires publiés par l'Académie des inscriptions et belles-lettres. Fondation Eugène Piot.* R. A. : *Revue Archéologique.* R. T. : *Recueil des Travaux relatifs à la philologie et à l'archéologie égyptiennes et assyriennes.*

E. Lefébure. — *Traduction comparée des Hymnes au Soleil, composant le XVe chapitre du Rituel funéraire égyptien*, in-4º. Paris, Vieweg, 1868.

— *Le Mythe osirien : I. les Yeux d'Horus; II. Osiris*, 2 vol. in-4º. Paris, Vieweg, 1874-1875.

— *Les Hypogées royaux de Thèbes*, 1re division, *le Tombeau de Seti Ier*. A. M. G., t. IX, 1887; 2e division, *le Tombeau de Ramsès IX*. Ibid., t. XVI et XVIª, 1889. Voir aussi M. M., t. III.

— *Rites égyptiens. Construction et protection des édifices*. Bulletin de Correspondance africaine, in-8º. Paris, Leroux, 1890.

— **Œuvres diverses publiées par G. Maspero*. B. Eg., 2 vol. in-8º. Paris, Leroux, 1890-1912.

Th. Devéria. — **Les Papyrus judiciaires de Turin et les Papyrus Lee et Rollin*, in-8º. Paris, Leroux, 1868.

— *Catalogue des manuscrits égyptiens écrits sur papyrus, toile, tablettes et ostraca... conservés au musée égyptien du Louvre*, in-12. Paris, Mourgues, 1881.

Rougé (Vicomte de). — *Géographie des nomes de la basse Égypte*. Paris, Rothschild, 1891.

Pierret. — *Textes et traductions françaises du Rituel funéraire d'une stèle éthiopienne inédite et divers monuments religieux*, in-4º. Paris, Vieweg, 1873.

— *Vocabulaire hiéroglyphique*, in-8º. Paris, Vieweg, 1875.

Pierret et Deveria. — *Les papyrus de Neb-Keb. Exemplaire hiéroglyphique du livre des Morts*, in-fol. Paris, Vieweg, 1872.

— *Le décret trilingue de Canope*. E. E., in-4º. Paris, Vieweg, 1881.

Grébaut. — *Hymne à Amon-Râ des papyrus égyptiens du Musée de Boulaq*, in-8º. Paris, Bouillon, 1873-1874.

Guieysse. — *Rituel funéraire égyptien, chapitre LXIV*. E. E., in-4º. Paris, Vieweg, 1875.

Guieysse et Lefébure. — *Les Papyrus funéraires de Soutimès*, 1 vol. gr. in-fol. Paris, Leroux, 1877.

Revillout. — *Le Concile de Nicée d'après les Coptes et les diverses collections canoniques*, 2 vol. in-8º. Paris, Maisonneuve, 1881-1898.

— *Actes et contrats du Musée égyptien de Boulaq et du Louvre*. E. E., in-4º. Paris, Vieweg, 1876.

— *Le Roman de Setna*, in-8º. Paris, Leroux, 1877.

REVILLOUT. — *Rituel funéraire de Pa-Month en démotique*, in-4°. Paris, Leroux, 1880-1888.
— *Chrestomathie démotique*. E. E., IV, in-4°. Paris, Vieweg, 1880.
— *Nouvelle Chrestomathie démotique*, in-4°. Paris, Vieweg, 1878.
— *Notices des Papyrus démotiques archaïques et autres textes juridiques et historiques*, in-4°. Paris, Maisonneuve, 1896.
— *Précis de Droit égyptien comparé aux autres droits de l'anti-quité*, 2 vol. in-8°. Paris, Giard et Brière, 1903.

RÉVILLOUT et EISENLOH. — *Corpus Papyrorum Ægypti*, in-fol. et in-4°. Paris, Leroux, 1885-1892.

G. MASPERO. — *La Stèle du Songe*. R. A., 1868, in-8°. Paris, s. d.
— *Essai sur l'inscription dédicatoire du temple d'Abydos et la jeunesse de Sésostris*, in-4°. Paris, Franck, 1867.
— *Hymne au Nil publié et traduit d'après les deux textes du Musée britannique*, in-4°. Franck, 1809. Réédité dans B. E., t. V, 1912.
— *Une enquête judiciaire à Thèbes au temps de la XXe dynastie. Études sur les papyrus Abbot*, in-4°. Paris, Impr. Nat., 1872.
— *Du genre épistolaire chez les Égyptiens*, in-8°. Paris, Franck, 1872.
— *Mémoire sur quelques Papyrus du Louvre* dans les *Notices et extraits des manuscrits du Louvre et de la Bibliothèque Natio-nale*, in-4°. Paris, Impr. Nat., 1875.
— *Études égyptiennes*, 2 vol. in-8°. Paris, Impr. Nat., 1866-1890.
— *Les Momies royales de Deir-el-Bahari*. M. M., t. I, fasc. IV, in-4°. Paris, Leroux, 1889.
— *Contes populaires de l'Égypte ancienne*, 1882, 4e éd. in-8°. Paris, Guilmoto, 1912.
— *L'Archéologie égyptienne*, in-8°. Paris, Quantin.
— *Histoire des peuples de l'Orient classique*, 3 vol. in-4°. Paris, Hachette, 1892-1900.
— *Études de mythologie et d'archéologie égyptiennes*. B. Eg., t. I, II, VII, VIII, XXVII, XXVIII, 7 vol. in-8°. Paris, Leroux, 1893-1913.
— *Les Inscriptions des pyramides de Saqqarah*, 1 vol. in-4°. Paris, Bouillon, 1894.
— *Mémoires de Sinhouit transcrits et publiés*. B. E., t. I, in-4°. Le Caire, 1908.
— *Sarcophages des époques persane et ptolémaïque*, in-4°. Le Caire, 1908.

G. MASPERO. — *Causeries d'Égypte*, in-8°. Paris, Guilmoto, 1910.
— *L'Égypte, dans *Ars Una*, in-12. Paris, Hachette, 1912.
— *Essais sur l'Art égyptien*, in-8°. Paris, Guilmoto, 1913.
— *Ruines et Souvenirs d'Égypte*, in-8°. Paris, Guilmoto, 1914.
— *Les Enseignements d'Amenemhaït 1er à son fils Senouasrit.* B. E., t. VI. Le Caire, 1914.

G. MASPERO et GRÉBAUT. — *Le Musée égyptien, recueil de monuments et de notices sur les fouilles d'Égypte*, in-4°. Le Caire, 1890-1907.

G. MASPERO, ROEDER, H. GAUTHIER, BLACKMAN et ZUCKER. — *Les Temples immergés de la Nubie*, in-4°. Le Caire, 1911.

Maxence DE ROCHEMONTEIX. — **Essais sur les rapports grammaticaux qui existent entre l'Égyptien et le Berbère.*
— *Extrait des *Mémoires du congrès international des Orientalistes*, 1re session. Paris, 1873, t. II, p. 66-106. B. Eg., t. III, in-8°. Paris, Leroux, 1894.
— *Edfou*, t. I, publié et continué par E. Chassinat, in-4°. Paris, Leroux, 1897.

Jacques DE MORGAN, BOURIANT, LEGRAIN, JÉQUIER. — *Catalogue des monuments et inscriptions de l'Égypte antique*, 3 vol. in-4°. Vienne, Holzhausen, 1894-1905.
— *Fouilles à Dashour*, 2 vol. in-4°. Vienne, Holzhausen, 1894-1903.
— *Recherches sur les origines de l'Égypte*, t. I. *l'Age de la pierre et des métaux;* II. *Ethnographie préhistorique et le tombeau royal de Negadah*, in-4°. Paris, Leroux, 1896-1897.

AMELINEAU. — *Essai sur le Gnosticisme égyptien, ses développements et son origine égyptienne*, in-8°. Paris, Leroux, 1887.
— *Les Moines égyptiens. Vie de Schnoudi*, in-12. Paris, Leroux, 1889.
— *La Géographie de l'Égypte copte*, in-4°. Paris, Impr. Nat., 1893.
— *Histoire des monastères de la basse Égypte, texte copte et traduction française.* A. M. G., t. XXV, in-4°. Paris, Leroux, 1894.
— *Les nouvelles fouilles d'Abydos. Campagne de 1895-1896 et campagne de 1897-1898*, 4 vol. in-4°. Paris, Leroux, 1899-1904.

Urbain BOURIANT. — *Deux jours de fouilles à Tell-el-Amarna.*
— *Les Papyrus d'Akhmin.*
— *Rapport sur une mission en haute Égypte, 1884-1885.* M. M., t. I, in-4°. Paris, Leroux, 1889.

Urbain BOURIANT et LORET. — *Le Tombeau de Séti I<sup>er</sup>*. M. M.,
  t. II, in-4°. Paris, Leroux, 1886.

Urbain BOURIANT. — *Actes du Concile d'Éphèse, texte copte et
  traduction.* Ibid., t. VIII, in-4°. Paris, 1892.

BOURIANT, LEGRAIN et JÉQUIER. — *Monuments pour servir à
  l'histoire du culte d'Atonou*, in-4°. Le Caire, 1903.

Victor LORET. — *Quelques documents relatifs à la Musique et à
  la Littérature populaire de la haute Égypte*. M. M., t. I, in-4°.
  Paris, Leroux, 1889.
— *La Flore pharaonique*, in-8°. Paris, Leroux, 1892.
— *Manuel de la langue égyptienne : grammaire, tableau des
  hiéroglyphes, textes, glossaire*, gr. in-8°. Paris, Leroux, 1889.

Dominique MALLET. — *Le Culte de Neith à Saïs*, in-8°. Paris,
  Leroux, 1888.
— *Les premiers Établissements des Grecs en Égypte*. M. M.,
  t. XII, in-4°. Paris, Leroux, 1893.

Albert GAYET. — **Le Temple de Louxor*. M. M., t. XV, in-4°.
  Paris, Leroux, 1894.
— *Exploration des ruines d'Antinoe*. A. M. G., t. XXVI³, XXX¹.
  Paris, Leroux, 1899-1902.

Philippe VIREY. — *Études sur le papyrus Prisse*. Paris, Bouil-
  lon, 1886.
— *Étude sur un parchemin rapporté de Thèbes.* M. M., t. I, in-4°.
  Paris, Leroux, 1889.
— *Le Tombeau de Rekhmara*. M. M., V¹, 1889.
— **La Religion de l'ancienne Égypte*, in-12. Paris, Beauchesne,
  1910.

Georges DARESSY. — *La grande Colonnade du temple de Louqsor*,
  in-4°. Paris, Leroux, 1874.
— *Notice explicative des ruines du temple de Louqsor*. Le Caire,
  Impr. Nat., 1893.
— *Notice explicative des ruines de Médinet-Habou*. Le Caire,
  Impr. Nat., 1897.
— *Le Mastaba de Mera*. Mémoire présenté à l'Institut égyptien,
  t. III, fasc. VI, in-4°. Le Caire, 1898.
— *Ostraca*. C. G., in-4°. Le Caire, 1901.
— *Textes et dessins magiques*, in-4°. Le Caire, 1903.
— *Statues et divinités égyptiennes*, 2 vol. in-4°. Le Caire, 1905-
  1910.
— *Cercueils des cachettes royales*, in-4°. Le Caire, 1909.

Georges BÉNÉDITE. — *Le Tombeau de Thiti. — Le Tombeau de Neferhotpou.* M. M., t. V, in-4°. Paris, Leroux, 1891.
— *La Péninsule sinaïtique,* in-16. Paris, Hachette, 1891.
— *Le Temple de Philæ.* M. M., t. XIII, in-4°. Paris, Leroux, 1895.
— **Mémoires d'archéologie égyptienne.* M. P., t. II à XIX, in-4°. Paris, Leroux, 1895-1911.
— *Objets de toilette.* C, G., 2 vol. in-4°. Le Caire, Impr. de l'Inst. français, 1911.
— *Miroirs.* C. G., in-4°. Le Caire.

Emile CHASSINAT. — *Le Mammisi d'Edfou,* in-4°. Le Caire, 1910.

Emile CHASSINAT, H. PIÉRON et H. GAUTHIER. — *Fouilles d'El-Qattah.* Ibid., t. XIV, in-4°. Le Caire, 1906.
— *La seconde trouvaille des grands prêtres d'Amon de la XXI<sup>e</sup> dynastie.* C. G., in-4°. Le Caire, 1909.
— *Fouilles de Baouit.* Le Caire, 1911.

Georges LEGRAIN. — *Statues et statuettes de rois et de particuliers,* in-4°. Le Caire, 1906 ss.
— *Répertoire généalogique et onomastique du Musée du Caire. Monuments de la XVII<sup>e</sup> et XVIII<sup>e</sup> dynasties,* in-4°. Genève, 1908.

Georges LEGRAIN et NAVILLE. — *L'Aile droite du pylône d'Amnophis III à Karnak.* A. M. G., t. XXX, in-4°. Paris, Leroux, 1902.

Alexandre MORET. — **Le Caractère religieux de la monarchie pharaonique,* in-8°. Paris, Leroux, 1902.
— *Le Rituel du culte divin journalier en Égypte,* in-8°. Paris, Leroux, 1902.
— *Au temps des Pharaons,* in-12. Paris, Colin, 1908.
— *Charte d'immunité dans l'ancien Empire égyptien.* 1<sup>re</sup> partie, in-8°. Paris, Impr. Nat., 1912.
— *Sarcophages de l'époque Bubastite à l'époque Saïte.* Le Caire, 1912 ss.

Georges FOUCART. — *L'Ordre lotiforme. Étude d'archéologie égyptienne,* in-4°. Paris, Leroux, 1897.
— **Histoire des religions et méthode comparative,* 2<sup>e</sup> édition. Paris, Picard, 1913.

Pierre LACAU. — *Fragments d'apocryphes coptes.* M. I., t. IX, in-4°. Le Caire, 1904.

Pierre Lacau. — *Sarcophages antérieurs au Nouvel Empire.* C. G., 2 vol. in-4º. Le Caire, 1903 et suiv.

— *Stèles du Nouvel Empire.* C. G., in-4º. Le Caire, 1909.

— *Notes de grammaire à propos de la grammaire égyptienne de M. Erman.* R. T., XXXV, 1913.

Capitaine R. Weill. — **L'Art de la fortification dans la haute antiquité égyptienne.* Extrait du *Journal Asiatique.* in-8º. Paris, Leroux, 1900.

— *La presqu'île du Sinaï. Étude de géographie et d'histoire,* in-8º. Paris, Champion, 1908.

— *Décrets royaux de l'ancien Empire égyptien; étude sur les décrets royaux trouvés à Coptos et sur les documents similaires d'autre provenance,* in-4º. Paris, Geuthner, 1911.

— *Les Origines de l'Égypte pharaonique.* 1re partie, *La IIe et IIIe dynasties,* in-4º. Paris, Leroux, 1908.

Henri Gauthier. — **Le Livre des Rois d'Égypte. Recueil de titres et protocoles royaux.* M. I., t. XVII, in-4º. Le Caire, 1908.

— *La grande inscription dédicatoire du temple d'Abydos.* B. E., IV, in-4º. Le Caire, 1912.

— *Cercueils anthropoïdes des prêtres de Montou,* in-4º. Le Caire, 1912.

Jules Baillet. — *Introduction à l'étude des idées morales dans l'Egypte antique.* Blois, 1912.

Jean Clédat. — *Monastère et nécropole de Baouit.* M. I., in-4º. Le Caire, 1906.

Jean Lesquier. — *Grammaire égyptienne d'après A. Erman.* B. E., vol. VII. Le Caire, 1914.

Henri Sottas. — **La Préservation de la propriété funéraire dans l'ancienne Égypte,* in-8º. Paris, Champion, 1913.

J. Maspero et G. Wiet. — **Matériaux pour servir à la géographie de l'Égypte,* 1re sér., 1er fasc. M. I., in-4º. Le Caire, 1914.

### COLLECTIONS ET PÉRIODIQUES

**Bibliothèque égyptologique comprenant les œuvres des Égyptologues français...,* publiée sous la direction de G. Maspero, 35 vol. in-8º parus de 1892 à 1914, in-8º. Paris, Leroux.

**Publications de l'Institut français d'archéologie orientale. Bibliothèque d'Étude.* Le Caire.

**Mémoires publiés par les membres de la mission archéologique française au Caire* de 1889 à 1895, in-4º. Paris, Leroux.

**Mémoires publiés par les membres de l'Institut français d'archéologie orientale*, in-4°. Le Caire, 1912-1914.

❀ ❀ ❀

*Mélanges d'archéologie égyptienne et assyrienne*, in-fol. Imprimerie Nationale, 1873-1876.

**Revue égyptologique*, publiée depuis 1880, in-4°. Paris, Leroux.

**Recueil des Travaux relatifs à la philologie et à l'archéologie égyptiennes et assyriennes*, publié depuis 1870, in-4°. Paris, Champion.

— **Bulletin de l'Institut français d'archéologie orientale*, publié depuis 1901.

*Les ouvrages marqués d'un astérisque sont ceux qui figurent, en totalité ou en partie, dans la Bibliothèque de la Science française, à l'Exposition de San Francisco.*

# Dictionnaires Larousse

Les *Dictionnaires Larousse*, ont eu, par leur documentation claire et pratique, toujours soucieuse des exigences de l'actualité, le rare privilège de légitimer la faveur de plus en plus grande dont ils jouissent si heureusement en France et à l'étranger. Sans doute, la cause de cette vogue réside notamment dans l'adaptation rationnelle et méthodique du vocabulaire aux formes et aux exigences variées de la vie, qu'il s'agisse de l'intellectuel ou simplement de l'homme de métier. Une autre raison de ce succès est la multiplicité des formats grâce auxquels les éditeurs ont pu se mettre à la portée de toutes les bourses et satisfaire à tous les besoins.

---

**L**AROUSSE ÉLÉMENTAIRE ILLUSTRÉ. Édition refondue et augmentée sous la direction de Claude et Paul Augé. Un vol. de 1 275 pages (format 10,5 × 16,5), 2 500 grav., 37 tableaux encyclopédiques dont 2 en couleurs, 24 cartes, 600 portraits. Cartonné, 2 fr. 60; relié toile, titre or.   3 francs

**L**AROUSSE CLASSIQUE ILLUSTRÉ, par Claude Augé. Dictionnaire manuel à l'usage des écoles, plus complet qu'aucun autre dictionnaire de même prix. Beau volume de 1 100 pages (format 13,5 × 20), 4 150 gravures, 70 tableaux encyclopédiques dont 2 en couleurs et 114 cartes dont 7 en couleurs. Cartonné . . . . . . . . . . . . . . . . . . . . . 3 fr. 30
Relié toile (reliure originale de Grasset) . . . . . . 3 fr. 75

*(0 fr. 75 en sus pour frais d'envoi à l'étranger.)*

PETIT LAROUSSE ILLUSTRÉ. Le plus complet et le plus intéressant de tous les dictionnaires manuels. Beau volume de 1 664 pages (format 13,5 × 20), 5 800 gravures, 130 tableaux encyclopédiques dont 4 en couleurs, et 120 cartes dont 7 en couleurs. Relié toile (reliure originale de GRASSET), en trois tons . . . . . . . . . . . . . . . . . . . . . . . . . . . 5 francs
En reliure souple pleine peau . . . . . . . . . . . . . . 7 fr. 50
*(1 fr. en sus pour frais d'envoi dans les localités non desservies par le chemin de fer et à l'étranger.)*

LAROUSSE DE POCHE, par Claude et Paul AUGÉ. Le seul dictionnaire de poche vraiment pratique et complet, contenant plus de 85 000 mots avec leur définition, plus un traité de grammaire et de littérature française. Joli volume de 1 292 pages sur papier extra-mince (*bible paper*), format 10,5 × 16,5, épaisseur 2 centimètres, poids 315 grammes. Relié toile . . . . . . . . . . . . . . . . . . . . . . . . . . . . 6 francs
Elégamment relié peau souple, dans un étui . . . . . . 7 fr. 50

LE LAROUSSE POUR TOUS, dictionnaire encyclopédique en *deux volumes*, publié sous la direction de Claude AUGÉ. Une encyclopédie complète à la portée de tous : tous les mots de la langue, toutes les connaissances humaines, sous la forme la plus pratique et la moins coûteuse. 1 950 pages (format 21 × 30,5), 17 325 gravures, 216 cartes en noir et en couleurs, 35 planches en couleurs. Broché. . . . . . . . . 35 francs
Relié demi-chagrin (reliure originale de G. AURIOL). 45 francs
*(Facilités de payement — Prospectus spécimen sur demande.)*

NOUVEAU LAROUSSE ILLUSTRÉ en *huit volumes*, publié sous la direction de Claude AUGÉ. Le plus récent, le plus remarquablement documenté et le plus magnifiquement illustré des grands dictionnaires encyclopédiques, rédigé par plus de 400 collaborateurs d'élite : le plus grand succès de la librairie française. 7 600 pages (format 32 × 26), 237 000 articles, 49 000 gravures, 504 cartes en noir et en couleurs, 89 planches en couleurs. Broché. . . . . . . . . . . . . . . . . . . . . 230 francs
Relié demi-chagrin (reliure originale de GRASSET). 275 francs
*Casier-Bibliothèque*, en noyer ciré ou acajou ciré. . 30 francs
*(Facilités de payement — Prospectus spécimen sur demande.)*

GRAND DICTIONNAIRE LAROUSSE en *dix-sept volumes*. Le plus vaste répertoire encyclopédique du monde entier. 24 500 pages (format 32 × 26), 2 864 gravures. Broché, 650 fr. ; — Relié demi-chagrin. . . . . . . . . . 750 francs
*(Facilités de payement — Prospectus spécimen sur demande.)*

*13-17, Rue Montparnasse, Paris*
*et chez tous les libraires* ═══════

# Bibliothèque Larousse
## *encyclopédique et illustrée*

#### *Directeur :* GEORGES MOREAU

L A *Bibliothèque Larousse,* collection véritablement encyclopédique, assemble dans un but de culture française intégrale,
les ouvrages les plus divers répartis en neuf sections : *Littérature*
— *Beaux-Arts* — *Sciences* — *Histoire et Géographie* — *Médecine
et hygiène* — *Vie sociale et droit usuel* — *Agriculture* — *Connaissances pratiques* — *Sports.* Chaque section renferme en son cadre les
connaissances qu'il fallait autrefois rechercher péniblement dans
les ouvrages spéciaux, généralement coûteux et, souvent, d'une
lecture aride. Cette collection se distingue en outre par une illus-
tration documentaire abondante, exactement appropriée à son
objet, par une présentation artistique où se manifeste le goût français, et, avec **tous** ces avantages, par son prix des plus modiques.

> *Les ouvrages de cette collection sont envoyés franco contre*
> *mandat-poste (pour l'étranger, ajouter 20 centimes par volume).*

## *LITTÉRATURE*

L A section littéraire comprend quatre subdivisions : 1º Les
*chefs-d'œuvre* de la littérature classique et moderne ; 2º des *an-
thologies* d'écrivains choisis par époques et par pays ; 3º des *précis
d'Histoire de la littérature* française et étrangère ; 4º des *monogra-
phies* des plus grands écrivains.

### *I — Les chefs-d'œuvre de la littérature*

Le soin le plus attentif à été apporté à la présentation de ces
ouvrages ; la valeur critique en est garantie par la compétence
des écrivains, professeurs, agrégés de l'Université ou littérateurs
avertis, qui ont donné à chaque œuvre, par une notice prélimi-
naire et des notes au texte, un caractère d'érudition simple et sûre.

De nombreuses gravures hors texte empruntées aux éditions
originales les plus recherchées et aux tableaux de maîtres ; de
curieux autographes, des vignettes empruntées au meilleur goût
de l'époque envisagée, constituent une documentation de premier ordre et réalisent l'idéal du bibliophile : les chefs-d'œuvre
littéraires illustrés par les chefs-d'œuvre de l'art.

**RABELAIS** : Gargantua et Pantagruel. Avec biographie et notes, par H. Clouzot. *Trois vol.* illustrés de 12 grav. hors texte. Chaque vol., sous couverture remplíée . . 1 fr. 50
Relié toile ivoirine, titre bleu et or, tête bleue. . . . . 2 fr. 50
En *un seul volume*, reliure demi-peau, tête dorée. . . 6 francs

**CORNEILLE** : Théatre choisi illustré. Avec biographie et notes, par Henri Clouard. *Trois vol.* illustrés de 24 gravures dont 13 hors texte d'après Gravelot (édition de 1764). Chaque volume, broché, 1 fr. ; relié toile souple. . . . 1 fr. 30
En *un seul volume*, reliure demi-peau, tête dorée . . . 6 francs

**RACINE** : Théatre complet illustré. Avec biographie et notes, par Henri Clouard. *Trois vol.* illustrés de 32 gravures dont 12 hors texte d'après J. de Sève (édition de 1767). Chaque volume, broché, 1 fr. ; relié toile souple . . . 1 fr. 30
En *un seul volume*, reliure demi-peau, tête dorée . . . 6 francs

**MOLIÈRE** : Théatre complet illustré. Avec biographie et notes, par Th. Comte, agrégé de l'Université. *Sept vol.* illustrés de 63 grav. dont 36 hors texte d'après Boucher (édition de 1734). Chaque vol., broché, 1 fr. ; relié toile souple. 1 fr. 30
En *deux volumes*, reliure demi-peau, tête dorée . . . . 13 francs

**LA FONTAINE** : Fables illustrées. Avec biographie et notes, par M. Morel, agrégé de l'Université. *Deux vol.* illustrés de 24 gravures d'après Oudry (édition de 1755) et 4 hors texte. Chaque vol., br., 1 fr.; relié toile souple . . . . 1 fr. 30
En *un seul volume*, reliure demi-peau, tête dorée . . . 4 fr. 50

**BOILEAU** : Œuvres poétiques illustrées. Avec biographie et notes, par L. Coquelin. 8 gravures d'après Cochin (édition de 1747). Broché, 1 fr. ; relié toile souple. . . . . 1 fr. 30
En reliure demi-peau, tête dorée. . . . . . . . . . . 3 francs

**LA BRUYÈRE** : Les Caractères. Avec biographie et notes, par René Pichon, agrégé de l'Univ. *Deux vol.* 8 gravures hors texte. Chaque vol., broché, 1 fr.; relié toile souple. . . 1 fr. 30
En *un seul volume*, reliure demi-peau, tête dorée . . . 4 fr. 50

**LA ROCHEFOUCAULD** : Maximes. Avec biographie et notes, par M. Roustan, agrégé de l'Univ. 4 gravures hors texte, couv. remplíée, 1 fr. 50; relié toile ivoirine . . . 2 fr. 50
En reliure demi-peau, tête dorée. . . . . . . . . . . . 3 francs

**B**OSSUET : Œuvres choisies illustrées. Avec biographie
et notes, par Henri CLOUARD. *Deux volumes*, 18 gravures.
Chaque volume, broché, 1 franc; relié toile souple . . 1 fr. 30
En *un seul volume*, reliure demi-peau, tête dorée . . . 4 fr. 50

**M**ᵐᵉ DE LA FAYETTE : La Princesse de Clèves. Avec
biographie et notes, par L. COQUELIN. 9 gravures dont
2 hors texte. Broché, 1 franc; relié toile souple. . . 1 fr. 30
En reliure demi-peau, tête dorée. . . . . . . . . . . 3 francs

**M**ᵐᵉ DE SÉVIGNÉ : Lettres choisies illustrées, suivies
d'un choix de lettres de femmes célèbres du XVIIᵉ siècle.
Avec biographie et notes, par Marguerite CLÉMENT, agrégée de
l'Université. — *Deux vol.*, 8 gravures hors texte. — Chaque vol.,
sous couv. rempliée, 1 fr. 50; relié toile ivoirine . . . . 2 fr. 50
En *un seul volume*, reliure demi-peau, tête dorée . . . 4 fr. 50

**R**EGNARD : Théatre choisi illustré. Avec biographie et
notes, par Georges ROTH, agrégé de l'Univ. — *Deux vol.*,
8 grav. Chaque vol., couv. rempliée, 1 fr. 50; rel. t. ivoir. 2 fr. 50
En *un seul volume*, reliure demi-peau, tête dorée . . . 4 fr. 50

**S**AINT-SIMON : Mémoires (extraits suivis). Avec biographie et notes, par Aug. DUPOUY, agrégé de l'Univ. *Quatre vol.*,
17 hors-texte. Chaque vol., br., 1 fr.; relié toile souple. 1 fr. 30
En *un seul volume*, reliure demi-peau, tête dorée. . . 7 francs

**A**BBÉ PRÉVOST : Manon Lescaut. Avec biographie et
notes, par GAUTHIER-FERRIÈRES. 11 grav. Br. . . 1 franc
Rel. toile souple, 1 fr. 30; en reliure d.-peau, tête dorée. 3 francs

**J**.-J. ROUSSEAU : Les Confessions (extraits suivis). Avec
biographie et notes, par H. LEGRAND, agrégé de l'Univ.
6 gr. d'après Le Barbier (1774). Br., 1 fr.; rel. t. souple 1 fr. 30

**J**.-J. ROUSSEAU : Émile (extraits suivis). Avec notices et
annotations, par H. LEGRAND. 4 gravures hors texte. Sous
couverture rempliée, 1 fr. 50; relié toile ivoirine. . . 2 fr. 50

**V**OLTAIRE : Romans. Avec biographie et notes, par H. LE-
GRAND. *Deux vol.* 6 gr. Chaque vol., br., 1 fr.; rel. t. s. 1 fr. 30
En *un seul volume*, reliure demi-peau, tête dorée . . . 4 fr. 50

**V**OLTAIRE : Théatre choisi illustré. Avec notes et
notices, par H. LEGRAND. 4 grav. hors texte d'après Moreau
le Jeune (édition de 1784). Br., 1 fr.; relié toile souple. 1 fr. 30

**V**OLTAIRE : Œuvre poétique. Avec notes, par H. LEGRAND.
4 grav., couv. rempliée, 1 fr. 50; rel. toile ivoirine. 2 fr. 50

**V**OLTAIRE : Histoire de Charles XII. Avec notes et notices, par H. Legrand. 1 grav. hors texte et 1 carte en couleurs, couv. rempliée, 1 fr. 50; relié toile ivoirine.   2 fr. 50

**D**IDEROT : Œuvres choisies illustrées. Avec biographie et notes, par Aug. Dupouy. *Trois vol.* 12 gravures. Chaque vol. sous couverture rempliée, 1 fr. 50; rel. t. ivoirine.   2 fr. 50
En *un seul volume*, reliure demi-peau, tête dorée . . .   6 francs

**B**EAUMARCHAIS : Théatre choisi illustré. Avec biographie et notes, par M. Roustan, agrégé de l'Université.
*Deux vol.*, 8 grav. Chaque vol., br., 1 fr.; rel. t. souple.   1 fr. 30
En *un seul volume*, reliure demi-peau, tête dorée . . .   4 fr. 50

**B**ERNARDIN DE SAINT-PIERRE : Paul et Virginie. Avec biographie et notes, par Aug. Dupouy, agrégé de l'Université. 4 grav. hors texte. Couverture rempliée.   1 fr. 50
Rel. toile ivoirine, 2 fr. 50; rel. demi-peau, tête dorée.   3 francs

**B**ENJAMIN CONSTANT. Adolphe et Œuvres choisies. Avec biographie et notes par M. Allem. 2 hors-texte. Couv. rempliée, 1 fr. 50; rel. t. ivoirine, 2 fr. 50; rel. demi-peau.   3 francs

**C**HATEAUBRIAND : Œuvres choisies illustrées. Avec biographie et notes, par Dupouy. *Trois vol.*, 18 gravures. Chaque volume, broché, 1 fr.; relié toile souple. . . .   1 fr. 30
En *un seul volume*, reliure demi-peau, tête dorée. . .   6 francs

**S**TENDHAL : La Chartreuse de Parme. Avec biographie et notes, par Dupouy. *Deux volumes*, 4 gravures hors texte. Chaque volume, broché, 1 fr.; relié toile souple . . .   1 fr. 30
En *un seul volume*, reliure demi-peau, tête dorée . . .   4 fr. 50

**S**TENDHAL : Le Rouge et le Noir. Avec introduction et notes, par C. Stryienski. *Deux volumes*, 4 gravures hors texte. Chaque volume, broché, 1 fr.; relié toile souple.   1 fr. 30
En *un seul volume*, reliure demi-peau, tête dorée . . .   4 fr. 50

**S**TENDHAL : Chroniques italiennes. Avec notices et annotations, par Dupouy. 4 gravures hors texte. Sous couverture rempliée, 1 fr. 50; relié toile ivoirine. . . . . . .   2 fr. 50

**B**ALZAC : Œuvres choisies illustrées. *Huit volumes* illustrés de 7 gravures et 2 autographes. Chaque volume, broché, 1 franc; relié toile souple . . . . . . . . . . . . . .   1 fr. 30
En *trois volumes*, reliure demi-peau, tête dorée . . . .   16 fr. 50

**G**ÉRARD DE NERVAL : Œuvres choisies illustrées. Avec biographie et notes, par Gauthier-Ferrières. 4 grav. Couv. rempl., 1 fr. 50; rel. t. ivoirine, 2 fr. 50; rel. d.-peau.   3 francs

*13-17, Rue Montparnasse, Paris
et chez tous les libraires*

**M**URGER : Scènes de la vie de Bohème. Avec notice
biographique. 4 grav. hors texte. Couv. rempliée.   1 fr. 50
Rel. toile ivoirine, 2 fr. 50; rel. demi-peau, tête dorée.   3 francs

**M**USSET : Œuvres complètes illustrées. *Huit vol.*, 7 grav.
et 2 autogr. Chaque vol., br., 1 fr.; rel. t. souple.   1 fr. 30
En *trois volumes*, reliure demi-peau, tête dorée . . . . 16 fr. 50

**V**IGNY : Œuvres illustrées. Avec biographie et notes, par
Gauthier-Ferrières. *Sept volumes*, 27 grav. hors texte.
Chaque vol., couv. rempliée, 1 fr. 50; rel. toile ivoirine.   2 fr. 50
En *trois volumes*, reliure demi-peau, tête dorée . . . . 15 francs

**V**ICTOR HUGO : Œuvres choisies illustrées. Avec biographie et notices, par Léopold-Lacour, agrégé de l'Université, et préface de G. Simon. *Deux vol.*, 60 grav. (*Poésie*, 1 vol.;
*Prose*, 1 vol.). Chaque volume, couverture rempliée.   5 francs
Relié toile ivoirine, 6 fr.; relié demi-peau, tête dorée.   8 francs

## II — *Anthologies.*

**A**NTHOLOGIE des écrivains français des XV<sup>e</sup> et
XVI<sup>e</sup> siècles. Avec biographies et notes, par Gauthier-
Ferrières. *Deux vol.* (*Poésie*, 1 vol.; *Prose*, 1 vol.). 36 grav. dont
8 hors texte, 18 autogr. Chaque vol., couvert. rempliée   1 fr. 50
Relié toile ivoirine, titre bleu et or, tête bleue . . . . 2 fr. 50
En *un seul volume*, reliure demi-peau, tête dorée . . . 4 fr. 50

**A**NTHOLOGIE des écrivains français du XVII<sup>e</sup> siècle.
Avec biographies et notes, par Gauthier-Ferrières.
*Deux volumes* (*Poésie*, 1 vol.; *Prose*, 1 vol.). 45 portraits
dont 8 hors texte, 51 autographes. Chaque volume, bro-
ché, 1 franc; relié toile souple. . . . . . . . . . . . . . 1 fr. 30
En *un seul volume*, reliure demi-peau, tête dorée . . . 4 fr. 50

**A**NTHOLOGIE des écrivains français du XVIII<sup>e</sup> siècle.
Avec biographies et notes, par Gauthier-Ferrières.
*Deux volumes* (*Poésie*, 1 vol.; *Prose*, 1 vol.). 61 por-
traits, dont 8 hors texte, 56 autographes. Chaque volume,
broché, 1 franc; relié toile souple . . . . . . . . . . . 1 fr. 30
En *un seul volume*, reliure demi-peau, tête dorée. . . . 4 fr. 50

**A**NTHOLOGIE des écrivains français du XIX<sup>e</sup> siècle.
Avec biographie et notes, par Gauthier-Ferrières.
*Quatre volumes* (*Poésie*, 2 vol.; *Prose*, 2 vol.). 89 portraits,
dont 16 hors texte, 83 autographes. Chaque volume, bro-
ché, 1 franc; relié toile souple . . . . . . . . . . . . . 1 fr. 30
En *un seul volume*, reliure demi-peau, tête dorée. . . . 7 francs

ANTHOLOGIE DES ÉCRIVAINS FRANÇAIS CONTEMPORAINS (POÉSIE). Avec notices, par GAUTHIER-FERRIÈRES. 4 portraits hors texte et 36 autographes. Sous couverture rempliée, 1 fr. 50 ; relié toile ivoirine. . . . . . . . . . . . . 2 fr. 50

*Sous presse :* ANTHOLOGIE DES ÉCRIVAINS FRANÇAIS CONTEMPORAINS (Prose).

ANTHOLOGIE DES ÉCRIVAINS SUÉDOIS CONTEMPORAINS, par T. HAMMAR. 4 gravures hors texte. Broché. . . . 1 franc
Relié toile souple . . . . . . . . . . . . . . . . . . . . . . 1 fr. 30

### III — *Histoire des littératures.*

LA LITTÉRATURE FRANÇAISE AU XIXᵉ SIÈCLE, par Ch. LE GOFFIC. Tableau d'ensemble absolument unique de la littérature française contemporaine : tous les genres, tous les écrivains. 76 grav. Br., 1 fr. 75 ; relié toile souple. . . 2 fr. 25

LITTÉRATURE ALLEMANDE, par W. THOMAS, agrégé de l'Univ. 57 grav. Br., 1 fr. 20 ; relié toile souple. 1 fr. 50

LITTÉRATURE ANGLAISE, par W. THOMAS, agrégé de l'Université. 56 grav. Br., 1 fr. 20 ; rel. toile souple. 1 fr. 50

LITTÉRATURE ITALIENNE, par G.-M. GATTI. 23 grav. Broché, 1 franc ; relié toile souple . . . . . . . . . 1 fr. 30

HISTOIRE DE LA LITTÉRATURE RUSSE, par L. LEGER, membre de l'Institut. 26 grav., 5 autographes. Broché, 0 fr. 75 ; relié toile souple. . . . . . . . . . . 1 fr. 05

### IV — *Monographies.*

MONTAIGNE, par L. COQUELIN. Sa vie et son œuvre (avec extraits). 6 grav. Br., 0 fr. 75 ; relié toile souple. 1 fr. 05

MUSSET, par GAUTHIER-FERRIÈRES. Sa vie et son œuvre (avec extraits). 4 grav. Br., 0 fr. 75 ; rel. t. souple. 1 fr. 05

VIGNY, par Aug. DUPOUY. Sa vie et son œuvre. 4 gravures. Broché, 1 fr., relié toile souple. . . . . . . . . . . 1 fr. 30

DAUDET, par P. et V. MARGUERITTE, etc. Sa vie et son œuvre (avec extraits). 8 gr. Br., 0 fr. 75 ; rel. t. 1 fr. 05

GŒTHE, par Ch. SIMOND. Sa vie et son œuvre (avec extraits). 4 gravures. Broché, 0 fr. 75 ; relié toile souple. . 1 fr. 05

SCHILLER, par Ch. SIMOND. Sa vie et son œuvre (avec extraits). 4 grav. Br., o fr. 75 ; relié toile souple . 1 fr. 05

HEINE, par A. TOPIN. Sa vie et son œuvre (avec extraits). 4 gravures. Broché, 1 franc ; relié toile souple. . 1 fr. 30

TOLSTOÏ, par OSSIP-LOURIÉ. Sa vie et son œuvre (avec extraits). 4 grav. Br., o fr. 75 ; relié toile souple . 1 fr. 05

IBSEN, par OSSIP-LOURIÉ. Sa vie et son œuvre (avec extraits). 4 grav. Br., o fr. 75 ; relié toile souple. . 1 fr. 05

## BEAUX-ARTS

ANTHOLOGIE D'ART FRANÇAIS : XIXe SIÈCLE (PEINTURE), par Ch. SAUNIER. *Deux vol.* contenant 240 reprod. photogr. en pleine page. Chaque vol., br., 2 fr. 50 ; relié toile. 3 fr. 50
*Édition de luxe* sur papier mat, chaque volume, br. 5 francs

ANTHOLOGIE D'ART FRANÇAIS : XXe SIÈCLE (PEINTURE), par Ch. SAUNIER. 128 reproductions photographiques en pleine page. Broché, 3 fr. 50 ; relié toile souple. . 4 fr. 50
*Édition de luxe* sur papier mat, broché . . . . . . . 6 francs

REMBRANDT, par A. BRÉAL. 24 grav. h. texte. Br. 1 fr. 20
Relié toile souple. . . . . . . . . . . . . . . . . . . . 1 fr. 50

L'ART A L'ÉCOLE, par Ch.-M. COUYBA et les membres du Comité de la Société française de l'Art à l'École. 70 gravures. Broché, 1 fr. 20 ; relié toile souple . . . . . . . . . . 1 fr. 50

## HISTOIRE ET GÉOGRAPHIE

HISTOIRE DE RUSSIE, par I LEGER. 12 grav., 2 cartes. Broché, o fr. 75 ; relié toile souple. . . . . . . . . . 1 fr. 05

GÉOGRAPHIE RAPIDE DE L'EUROPE, par Onésime RECLUS. 16 gravures, 1 carte. Br., 1 fr. 20 ; rel. toile souple. 1 fr. 50

GÉOGRAPHIE RAPIDE DE LA FRANCE, par RECLUS. 18 grav. Broché, 1 fr. 20 ; relié toile souple. . . . . . . . . . 1 fr. 50

## SCIENCES PURES ET APPLIQUÉES

QU'EST-CE QUE LA SCIENCE? par F. LE DANTEC, chargé de cours à la Sorbonne. 88 grav. Broché. . 1 fr. 20
Relié toile souple. . . . . . . . . . . . . . . . . . . . 1 fr. 50

L'ÉVOLUTION DE L'ASTRONOMIE AU XIXe SIÈCLE, par P. BUSCO. Pages choisies des grands astronomes. 63 gr. dont 16 hors texte. Br., 1 fr. 50 ; rel. toile souple . 1 fr. 90

**L'ÉVOLUTION DE LA PHYSIQUE** au XIXᵉ siècle. par M. COSMOVICI. Pages choisies des grands physiciens. 8 portraits hors texte. Br., 1 fr. 50; relié t. souple. 1 fr. 90

**L'ÉVOLUTION DE LA CHIMIE** au XIXᵉ siècle, par Marcel OSWALD. Pages choisies des grands chimistes. 16 portraits hors texte. Broché, 1 fr. 50; relié toile souple. 1 fr. 90

**LE RADIUM**, sa genèse, ses propriétés et ses emplois, par André LANCIEN. 39 grav. et 1 pl. hors texte. Br. . 1 fr. 50 Relié toile souple. . . . . . . . . . . . . . . . . . . . . . . 1 fr. 90

**LA PHOTOGRAPHIE** des couleurs, par COUSTET. 22 gr. Broché, 0 fr. 75; relié toile souple . . . . . . . . . . 1 fr. 05

**L'ÉLECTRICITÉ** a la maison, par H. de GRAFFIGNY. 100 gravures. Broché, 1 franc; relié toile souple . . 1 fr. 40

**LES ALLIAGES** métalliques, par HÉMARDINQUER. 9 gr. Broché, 0 fr. 50; relié toile souple . . . . . . . . . . 0 fr. 75

**LA VOIX** professionnelle, par le Dʳ P. BONNIER. 39 grav. Broché, 2 francs; relié toile souple. . . . . . . . . . . 2 fr. 50

## VIE SOCIALE ET DROIT USUEL

**LA VIE** économique, par Frédéric PASSY. Broché . 1 fr. 20 Relié toile souple . . . . . . . . . . . . . . . . . . . . . . 1 fr. 50

**ENTRE LOCATAIRES** et propriétaires, par D. MASSÉ. Broché, 1 fr. 20; relié toile souple . . . . . . . . . . 1 fr. 50

**LES ASSURANCES**, par E. ADAM. Guide pratique. Broché, 0 fr. 75; relié toile souple . . . . . . . . . . . 1 fr. 05

**CE QUE LA LOI PUNIT**, par GUYON. Code pénal expliqué. Broché, 0 fr. 90; relié toile souple. . . . . . . . . 1 fr. 20

**LES ACCIDENTS** du travail, par L. ANDRÉ. Br. 1 fr. 20 Relié toile souple. . . . . . . . . . . . . . . . . . . . . . 1 fr. 50

**ASSISTANCE AUX VIEILLARDS**, aux infirmes, aux incurables. Broché, 1 fr. 20; relié toile souple. . . 1 fr. 50

**CODE MUNICIPAL**, par Max LEGRAND. Broché. 1 fr. 20 Relié toile souple. . . . . . . . . . . . . . . . . . . . . . . 1 fr. 50

**DROITS DE TIMBRE** et d'enregistrement, par A. LANOË. Broché, 1 fr. 50; relié toile souple. . . . . . . . . . 1 fr. 90

**POUR FAIRE SOI-MÊME** son testament, par Léon PARISOT. Broché, 1 fr. 50; relié toile souple. . . . . . . 1 fr. 90

*13-17, Rue Montparnasse, Paris*
*et chez tous les libraires*

## MÉDECINE ET HYGIÈNE

**L'ESTOMAC**, hygiène, maladies, traitement, par le Dr M.-A. LEGRAND. 14 grav. Br., 1 fr.; relié toile.  1 fr. 30

**L'ŒIL**, hygiène, maladies, traitement, par le Dr VALUDE, médecin de la clinique des Quinze-Vingts. 54 gravures. Broché, 1 fr.; relié toile souple. . . . . . . . . . . .  1 fr. 30

**L'OREILLE**, hygiène, maladies, traitement, par le Dr M.-A. LEGRAND. 74 gravures. Broché, 1 fr. 20; relié toile .  1 fr. 50

**LA BOUCHE ET LES DENTS**, hygiène, maladies, traitement, par le Dr ROSENTHAL. 28 gravures. Br.  1 franc
Relié toile souple. . . . . . . . . . . . . . . . . .  1 fr. 30

**LE NEZ ET LA GORGE**, hygiène, maladies, traitement, par le Dr A. NEPVEU. 48 grav. Br., 1 fr.; relié toile.  1 fr. 30

**LA PEAU** ET LA CHEVELURE, hygiène, maladies, traitement, par le Dr M.-A. LEGRAND. 65 gravures. Broché . .  1 fr. 20
Relié toile souple. . . . . . . . . . . . . . . . . .  1 fr. 50

**LE VISAGE**, CORRECTIONS DES DIFFORMITÉS, par le Dr L. LAGARDE; 75 gravures. Broché, 1 fr. 20; relié toile. .  1 fr. 65

**LES NERFS** ET LEUR HYGIÈNE, par le Dr GUILLERMIN. Broché, 0 fr. 75; relié toile souple. . . . . . . . . . . .  1 fr. 05

**LES MALADIES** DE POITRINE, par le Dr GALTIER-BOISSIÈRE. 63 gravures. Broché, 1 fr. 35; relié toile souple . .  1 fr. 75

**CHIRURGIE D'URGENCE**, par le Dr L. BILLON. 46 gravures. Broché, 1 fr. 35; relié toile souple. . . . . .  1 fr. 75

**ARTHRITISME** ET ARTÉRIO-SCLÉROSE, par le Dr LAUMONIER. Broché, 1 fr. 20; relié toile souple. . . . . . . . . .  1 fr. 50

**HERNIES ET VARICES**, par L. et J. RAINAL. 55 gravures. Broché, 0 fr. 90; relié toile souple. . . . . . . . . .  1 fr. 20

**PRÉCIS D'ALIMENTATION RATIONNELLE**, par le Dr PASCAULT. Broché, 1 fr. 20; relié toile souple.  1 fr. 50

**LA CUISINE HYGIÉNIQUE**, par Mme Cl. FAURE, avec introduction du Dr GUILLERMIN. Br., 1 fr. 50; rel. t.  1 fr. 95

**POUR ÉLEVER LES NOURRISSONS**, par le Dr GALTIER-BOISSIÈRE. 62 grav. Broché, 0 fr. 90; relié t.  1 fr. 20

**POUR PRÉSERVER** DES MALADIES VÉNÉRIENNES, par le Dr GALTIER-BOISSIÈRE. 34 grav. Br., 0 fr. 75; rel t.  1 fr. 05

**LES VACCINS MICROBIENS**, par le Dr RENAUD-BADET. 12 gravures. Broché, 1 fr.; relié toile souple . . . .  1 fr. 30

## AGRICULTURE

ROUTINE ET PROGRÈS EN AGRICULTURE, par
DUMONT. 92 grav. Broché, 1 fr. 80 ; rel. t. souple.   2 fr. 25

LE JARDIN DE L'INSTITUTEUR, DE L'OUVRIER ET DE
L'AMATEUR, par P. BERTRAND. Manuel pratique de jardinage.
60 grav. et 9 pl. Broché, 1 fr. 20 ; rel. toile souple.   1 fr. 50

LE VERGER DE L'INSTITUTEUR, DE L'OUVRIER ET DE
L'AMATEUR, par P. BERTRAND. 193 gravures. Br. .   1 fr. 20
Relié toile souple . . . . . . . . . . . . . . . . .   1 fr. 50

LE BÉTAIL, par Marcel VACHER. 10 gravures. Br.   0 fr. 75
Relié toile souple. . . . . . . . . . . . . . . . . .   1 fr. 15

LE PORC, par Marcel VACHER. 10 gravures. Br. .   0 fr. 75
Relié toile souple . . . . . . . . . . . . . . . . .   1 fr. 15

TOUTE LA BASSE-COUR, par H. VOITELLIER. 11 grav.,
24 planches. Broché, 1 fr. 50 ; relié toile souple . .   1 fr. 95

AMÉLIORATIONS DU SOL, par M. ABADIE. 95 grav.
Broché, 0 fr. 90 ; relié toile souple . . . . . . . . .   1 fr. 20

DES FOURRAGES VERTS TOUTE L'ANNÉE, par
COMPAIN. 44 grav. Br., 0 fr. 90 ; relié toile souple.   1 fr. 20

## CONNAISSANCES PRATIQUES

DÉFENDS TON ARGENT, par G. SOREPH. 4 gravures.
Broché, 0 fr. 90 ; relié toile souple. . . . . . . . .   1 fr. 20

LA CUISINE A BON MARCHÉ, par M^me J. SÉVRETTE.
Broché, 0 fr. 90 ; relié toile souple. . . . . . . . .   1 fr. 20

LA NOURRITURE DE L'ENFANCE, par le D^r H. LE-
GRAND. Broché, 1 fr. 20 ; relié toile souple. . . . .   1 fr. 50

LE GUIDE MONDAIN, par la comtesse DE MAGALLON.
Broché, 0 fr. 90 ; relié toile souple . . . . . . . .   1 fr. 20

CHAMPIGNONS MORTELS ET DANGEREUX, par
F. GUÉGUEN, professeur agrégé à l'École supérieure de Phar-
macie. 7 planches en couleurs. Relié toile souple .   1 fr. 50

LE PASSE-TEMPS DES MOIS, par DELOSIÈRE. 111 grav.
Broché, 0 fr. 75 ; relié toile souple. . . . . . . . .   1 fr. 05

LA MAISON FLEURIE, par F. FAIDEAU. 61 gravures.
Broché, 0 fr. 90 ; relié toile souple. . . . . . . . .   1 fr. 20

**LES HABITATIONS** A BON MARCHÉ et un art nouveau pour
le peuple, par Jean LAHOR. 39 gravures. Broché.  2 francs
Relié toile souple . . . . . . . . . . . . . . . . .  2 fr. 30

**LE DESSIN DE L'ARTISAN** ET DE L'OUVRIER, par CHE-
VRIER. Broché, o fr. 75 ; relié toile souple . . . . . .  1 fr. 05

**POUR FORMER UN TIREUR**, par VIOLET et VOULQUIN.
Broché, o fr. 75 ; relié toile souple . . . . . . . . .  1 fr. 05

**FRONTIÈRES FRANÇAISES**, FORTS, CAMPS RETRANCHÉS,
par G. VOULQUIN. *Trois vol.* illustrés de nombreuses grav. et
cartes. Chaque vol., broché, 1 fr. 20 ; rel. t. souple.  1 fr. 50

## SPORTS

**LE LAWN-TENNIS**, LE GOLF, LE CROQUET, LE POLO, par
P. CHAMP, F. DE BELLET, A. DESPRÉS, F. CAZE DE CAUMONT.
50 grav. dont 24 hors texte. Relié toile souple. . .  2 francs

**LES SPORTS ATHLÉTIQUES** : *Football, Course à pied,
Saut, Lancement,* par P. et J. GARCET DE VAURESMONT.
45 gravures. Relié toile souple. . . . . . . . . . .  2 francs

**LES SPORTS NAUTIQUES** : *Aviron, Natation, Water-polo,*
par Louis DOYEN, Paul AUGÉ et Georges MOËBS. 41 grav.
dont 24 hors texte. Relié toile souple . . . . . . .  2 francs

**LA BOXE** : *Boxe anglaise et française, Lutte,* par J. MOREAU,
CHARLEMONT, LUSCIEZ et DERIAZ. 48 gr. Rel. t.  2 francs

**L'ESCRIME** : *Fleuret, Épée, Sabre,* par KIRCHHOFFER, J. JO-
SEPH-RENAUD et L. LECUYER. 48 grav. Rel. toile.  1 fr. 30

**LA CHASSE A TIR** AU CHIEN D'ARRÊT ET LA CHASSE AU
GIBIER D'EAU, par GASTINNE-RENETTE, P. BERT, Cte J. CLARY,
VOULQUIN, etc. 128 gravures. Relié toile souple . .  2 francs

**LE PATINAGE ARTISTIQUE**, par Louis MAGNUS. 33 gravures et 19 planches hors texte. Relié toile souple.  2 francs

**LES ÉCLAIREURS DE FRANCE** ET LE ROLE SOCIAL DU SCOU-
TISME FRANÇAIS, par le capitaine ROYET. 28 gravures hors
texte. Relié toile souple. . . . . . . . . . . . . . .  2 francs

**JEUX ET CONCOURS** DE PLEIN AIR à la campagne, à la
mer, à l'école, par le baron GUSTAVE. 60 gravures dont
32 hors texte. Relié toile souple. . . . . . . . . . .  2 francs

# Larousse mensuel illustré

*Publié sous la direction de Claude Augé*

Le seul périodique véritablement encyclopédique, enregistrant chaque mois dans l'ordre alphabétique, sous une forme documentaire, toutes les manifestations de la vie contemporaine, littérature, arts, sciences, politique, etc. : tient au courant de tout, forme la mise à jour indéfinie du *Nouveau Larousse illustré* et de toutes les encyclopédies. — Paraît le 1er samedi du mois.

LE NUMÉRO de 24 pages gr. in-4° (32 × 26), illustré de nombreuses gravures. . . . . . . . . . . . . . . . . . . . . . o fr. 75

ABONNEMENT D'UN AN : France. . . . . . . . . . . 8 francs

— — Étranger (Union postale). 9 fr. 50

*(Ajouter 90 centimes si on désire recevoir les numéros sous tube-carton.)*

En vente : TOME I (1907-1910). Magnifique volume de 842 pages, 2 812 gravures, 103 cartes.
TOME II (1911-1913). Magnifique vol. de 930 pages, 2 340 grav., 82 cartes, 6 planches en couleurs.
Chaque volume, broché, 24 fr. ; relié demi-chagrin. . 30 francs

*(Facilités de payement — Prospectus sur demande.)*

# Larousse médical illustré

*Publié sous la direction du D^r Galtier-Boissière*

Encyclopédie médicale à l'usage des familles, donnant sous la forme la plus pratique tout ce qu'il est utile de savoir sur nos organes et leurs fonctions, les différentes maladies et leur traitement, l'hygiène, etc. Magnifique volume in-4° de 1 300 pages (format 20 × 27), 2 462 gravures dont un grand nombre de photographies d'après nature, 36 pl. en coul. Broché 34 francs
Relié demi-chagrin (rel. originale de G. AURIOL) . . . 40 francs

*(Facilités de payement — Prospectus spécimen sur demande.)*

# Collection in-4° Larousse

*Splendides ouvrages de luxe ( format 32 × 26 )*
*merveilleusement illustrés par la photographie*
*Reliures artistiques originales*

**H**ISTOIRE DE FRANCE ILLUSTRÉE (DES ORIGINES A LA FIN DE LA GUERRE DE 1870-71), *en deux volumes.* La plus intéressante et la plus belle histoire de France qui ait jamais été publiée. 2 028 gravures photographiques, 43 planches en couleurs, 9 cartes en couleurs, 96 cartes en noir. Broché, 53 fr.; relié demi-chagrin. . . . . . 65 francs

LA FRANCE, GÉOGRAPHIE ILLUSTRÉE, *en deux volumes*, par P. JOUSSET. Merveilleuse et vivante évocation de toutes les beautés de notre pays. 1 942 gravures photographiques, 47 planches hors texte, 21 cartes et plans en noir, 30 cartes en couleurs. Broché. . . . . . . . . . . . 56 francs
Relié demi-chagrin . . . . . . . . . . . . . . . 68 francs

ATLAS COLONIAL ILLUSTRÉ. 7 cartes en couleurs, 70 cartes en noir, 16 planches hors texte, 768 gravures photographiques. Broché . . . . . . . . . . . . . 18 francs
Relié demi-chagrin . . . . . . . . . . . . . . 23 francs

PARIS-ATLAS, par F. BOURNON. 595 gravures photographiques, 32 dessins, 24 plans en huit couleurs. Br. . 18 francs
Relié demi-chagrin. . . . . . . . . . . . . . . 23 francs

L'ALLEMAGNE CONTEMPORAINE ILLUSTRÉE, par P. JOUSSET. 588 gravures photographiques, 8 cartes en couleurs, 14 cartes ou plans en noir. Broché. . . . 18 francs
Relié demi-chagrin. . . . . . . . . . . . . . 23 francs

LA BELGIQUE ILLUSTRÉE, par DUMONT-WILDEN. 601 gravures photographiques, 15 planches hors texte, 4 planches en couleurs, 6 cartes en couleurs, 19 cartes en noir. Broché, 20 francs; relié demi-chagrin . . . . . . . . 26 francs

L'ESPAGNE ET LE PORTUGAL ILLUSTRÉS, par P. JOUSSET. 772 gravures photographiques, 10 cartes et plans en couleurs, 11 cartes et plans en noir. Broché . . . 22 francs
Relié demi-chagrin. . . . . . . . . . . . . . . 28 francs

**LA HOLLANDE** ILLUSTRÉE, par VAN KEYMEULEN, BOOT, etc. 349 gravures photographiques, 2 planches en couleurs, 15 planches en noir, 4 cartes en couleurs, 35 cartes en noir. Broché, 12 francs; relié demi-chagrin . . . . . . . . 17 francs

**L'ITALIE** ILLUSTRÉE, par P. JOUSSET. 784 gravures photographiques, 14 cartes et plans en couleurs, 9 cartes en noir. Broché, 22 francs; relié demi-chagrin. . . . . . . . . 28 francs

**LE JAPON** ILLUSTRÉ, par Félicien CHALLAYE. 677 gravures photographiques, 4 planches en couleurs, 8 planches en noir, 11 cartes et plans en couleurs, 15 cartes et plans en noir. Broché, 20 francs; relié demi-chagrin. . . . . . . . 26 francs

**LA SUISSE** ILLUSTRÉE, par A. DAUZAT, 635 gravures photographiques, 10 cartes en noir, 11 cartes en couleurs, 2 pl. en coul., 12 pl. en noir. Broché, 19 fr.; rel. demi-ch. 25 francs

**ATLAS LAROUSSE** ILLUSTRÉ. 42 cartes en couleurs, 1 158 grav. photogr. Br., 26 fr.; relié d.-chagrin. 32 francs

**LA TERRE**, GÉOLOGIE PITTORESQUE, par Aug. ROBIN. 760 gravures photographiques, 24 hors-texte, 53 tableaux de fossiles, 158 dessins et 3 cartes en couleurs. Broché. 18 francs Relié demi-chagrin. . . . . . . . . . . . . . . . . 23 francs

**LA MER**, par CLERC-RAMPAL. 636 gravures photographiques, 16 hors-texte, 4 planches en couleurs, 6 cartes en couleurs, 316 cartes en noir ou dessins. Broché . . . . . . . 20 francs Relié demi-chagrin. . . . . . . . . . . . . . . . . 26 francs

**LE MUSÉE D'ART** (DES ORIGINES AU XIXᵉ SIÈCLE), publié sous la direction d'E. MÜNTZ. 900 grav. photogr., 50 planches hors texte. Broché, 22 fr.; relié demi-chagrin . . 27 francs

**LE MUSÉE D'ART** (XIXᵉ SIÈCLE), publié sous la direction de Pierre-Louis MOREAU. 1 000 gravures photographiques, 58 planches hors texte. Broché. . . . . . . . . . . . 28 francs Relié demi-chagrin. . . . . . . . . . . . . . . . . . 34 francs

**LES SPORTS MODERNES** ILLUSTRÉS, encyclopédie sportive illustrée, publiée sous la direction de P. MOREAU et G. VOULQUIN. 813 gravures, 28 planches hors texte. Broché, 20 francs; relié demi-chagrin . . . . . . . . . 26 francs

*En cours de publication :* HISTOIRE DE FRANCE CONTEMPORAINE ILLUSTRÉE.

Paris. — Imp. LAROUSSE, 17, rue Montparnasse. — 728